Lb 49/828

MÉMOIRE

SUR LES MOYENS A EMPLOYER

POUR PUNIR ALGER,

ET

DÉTRUIRE LA PIRATERIE

DES PUISSANCES BARBARESQUES;

PRÉCÉDÉ

D'UN PRÉCIS HISTORIQUE SUR LE CARACTÈRE, LES MŒURS ET LA MANIÈRE DE COMBATTRE DES MUSULMANS HABITANT LA CÔTE D'AFRIQUE, ET D'UN COUP-D'ŒIL SUR LES EXPÉDITIONS FRANÇAISES TENTÉES CONTRE EUX A DIVERSES ÉPOQUES.

PAR LE CHEVALIER **CHATELAIN**,

LIEUTENANT COLONEL DE CAVALERIE, AUTEUR DU *Guide des Officiers de cavalerie*, etc.

PARIS,

ANSELIN, SUCCESSEUR DE MAGIMEL,

LIBRAIRE DE LA GARDE ROYALE ET DES TROUPES DE TOUTES ARMES,

RUE DAUPHINE, N° 9.

1828.

AVERTISSEMENT.

Je ne suis mu ni par l'envie d'écrire, ni par le désir de fixer l'attention du gouvernement et du public sur un projet sans résultat possible, ou sans avantage réel; la gloire de ma patrie, l'intérêt général de mes compatriotes, sont les seuls sentimens qui m'aient engagé à m'occuper d'Alger, de ses pirates, de ses insultes et des véritables moyens de la corriger pour toujours.

Ayant eu l'honneur de faire partie de l'expédition en Egypte, où j'ai séjourné de 1798 à 1801, j'ai pu étudier les peuples de l'Afrique, et fixer mes idées sur leur caractère, leurs mœurs, et leur manière de combattre.

Le hasard sembla d'ailleurs favoriser alors les dispositions que j'ai toujours eues pour observer. En arrivant à Malte, où je restai plusieurs jours, je fus logé à l'hospice des Chevaliers, placé sous la direction d'un français natif de Narbonne, et dont la famille m'était connue. J'eus l'occasion de lui être utile pendant l'organisation du gouvernement de l'île, et ce directeur, que le général en chef jugea à propos de confirmer dans son emploi, crut ne pas pouvoir mieux me prouver sa reconnaissance qu'en m'engageant à prendre à mon service un esclave algérien tombé au pouvoir des chevaliers, et qui, depuis six ans, faisait à l'hospice le service d'un cuisinier. Je me gardai bien de refuser cette offre; je sentais combien cet esclave nommé Hamet, parlant arabe, et ayant appris, pendant son séjour à Malte, l'italien et le français, pourrait m'être utile en Egypte. Ce jeune algérien, né à Tedlez, sur la côte, à vingt lieues d'Alger, avait été employé à l'arsenal de cette ville, où son père était chef de la corderie; il avait quitté cet emploi pour faire partie de l'équipage d'un corsaire sur lequel il avait été pris. Doué d'une intelligence assez rare, il répondit parfaitement à mes questions et me fournit des renseignemens très-précieux sur les usages, les ressources et les forces militaires des Algériens, ainsi que sur les localités. Je crois être fondé à accorder toute confiance à ses récits, d'abord parce qu'ils se sont trouvés d'accord avec ce que j'ai pu voir par moi-même en Egypte; et qu'ensuite, en rentrant en France, nous restâmes huit jours en face d'Alger, retenus par le mauvais temps, et j'ai été à même de reconnaître, avec la longue-vue, la vérité de ce qu'il m'avait dit touchant les dispositions et les accidens de la côte. Cet esclave, qui me servit toujours très-fidèlement, fut tué à la bataille d'Aboukir, à mes côtés, où sa bravoure le tenait constamment.

La remarque la plus certaine qui vienne à l'esprit de toute personne qui étudiera avec soin le caractère des musulmans, c'est qu'ils sont fanatiques, et, pa
La religion de Mahomet leur montre les chrétiens comme leurs plus mortels ennemis, elle leur apprend à les mépriser et à

les détruire ; cette idée se fortifie encore chez eux, parce qu'étant peu instruits, et ne voyageant pas en Europe, ils n'ont sous les yeux qu'un petit nombre de chrétiens toujours tremblans, ou des esclaves qu'ils emploient aux plus vils services, et qu'ils pensent n'être nés que pour cela. Conséquemment, le mépris qu'ils nous portent est toujours le même ; il s'accroît plutôt qu'il ne diminue. Ainsi, qu'on considère les Turcs à Constantinople ou à Alger, qu'on lise leur histoire, ou qu'on les voie agir de nos jours, c'est toujours le même caractère ; et qu'on ne croie pas leur inculquer des mœurs plus douces par la persuasion, ils ne sont susceptibles de comprendre que la crainte, et il est plus aisé de les vaincre que de détruire leurs préjugés.

Si l'on compare la manière dont le reis-effendy a accueilli les observations et les notes des ambassadeurs chrétiens, à la capitulation (1) que le fameux Omar, si

---

(1) « Au nom de Dieu très-miséricordieux, de la part
» d'Omar Ebn-Alkhettab, aux habitans d'Ælia. » (Ce

connu des gens de lettres, accorda en 635 aux défenseurs de Jérusalem, l'on se con-

___

nom fut donné a Jérusalem par l'empereur Ælien, qui l'avait rebâtie.)

« Ils seront protégés, ils conserveront leur vie et leurs
» biens; leurs églises ne seront point démolies, mais ils
» n'en élèveront pas de nouvelles, ni dans la ville, ni
» dans son territoire : eux seuls en auront l'usage. *Ils*
» *n'empêcheront pas les musulmans d'y entrer, ni jour*
» *ni nuit; ils en ouvriront les portes aux voyageurs et aux*
» *passans.* Si quelque musulman qui voyage, passe dans
» leur ville, ils *seront obligés de l'entretenir pendant trois*
» *jours;* ils n'enseigneront pas l'alcoran à leurs enfans;
» ils ne parleront pas ouvertement de leur religion *et*
» *n'engageront personne de l'embrasser; ils n'empêche-*
» *ront pas leurs parens de se faire musulmans,* s'ils en ont
» envie. *Lorsque ceux-ci voudront s'asseoir, ils se lève-*
» *ront.* Ils ne seront pas vêtus comme les musulmans,
» *ils n'iront pas à cheval avec des selles, ils ne porteront*
» *aucune sorte d'armes*, ils ne se serviront point de la lan-
» gue arabe dans l'inscription de leurs cachets, ils ne ven-
» dront pas de vin; *ils n'érigeront pas de croix sur leurs*
» *églises, et ne montreront pas leurs croix ni leurs livres*
» *ouvertement dans les rues des musulmans,* ils ne sonne-
» *ront pas leurs cloches, ils se contenteront de les tin-*
» *ter*, etc., etc. »

Nous n'avons rapporté cette capitulation que pour en faire ressortir l'insolence, et montrer qu'elle a servi de type à tous les actes diplomatiques entre les Turcs et les Chrétiens.

vaincra que les Turcs n'ont pas changé d'opinion à l'égard des Chrétiens, et qu'ils les croient incapables de se soustraire à l'état d'abjection dans lequel ils les supposent toujours.

Mais ce qui paraîtra plus étonnant encore, c'est que les musulmans égyptiens prétendaient traiter nos soldats victorieux, à la manière d'Omar, ce qui leur valut, de temps en temps, quelques corrections, auxquelles leur prophète ne pouvait les soustraire.

Aujourd'hui, nous voyons le dey d'Alger publier lui-même l'insulte qu'il a faite à notre consul, pousser l'arrogance jusqu'à rejeter des propositions e paix; certes, tant de fanfaronnades, tout en prouvant la justesse de notre observation, mérite bien qu'on parle de châtiment. Il est assez audacieux pour nous défier : il nous attend, dit-il, avec ses amis, et il ose mettre à prix nos canons et nos frégates. Plaise à Dieu qu'il tienne parole; dans peu, sans doute, le Roi nous permettra d'aller lui rendre visite. Les vainqueurs de Navarin, et les compatriotes de ces guerriers qui parcoururent les armes à la main toutes les capitales de l'Europe, ne se font jamais attendre à de pareils rendez-vous.

Il est de notre devoir de repousser la force par la force, de veiller à la sûreté de notre commerce et de nos côtes; de venger l'insulte faite à notre pavillon; la religion nous engage elle-même à délivrer nos frères qui gémissent captifs : c'est le fer et non l'or qui doit briser leurs chaînes.

Que le Roi en donne l'ordre, et Alger aura cessé d'exister. Il n'est plus le temps où l'on se contentait de bombarder cette ville, et de couler ses vaisseaux; aujourd'hui, c'est une guerre d'extermination qu'il faut lui faire; que ses établissemens soient détruits, ses arsenaux ruinés, ses magasins et ses munitions enlevés, et que les débris fumans d'Alger apprennent aux pirates de tous les pays, le sort qu'ils méritent et qui les attend.

Pour atteindre ce but, il faut une armée

de terre. J'ai prouvé, en comparant l'expédition de Saint Louis à celle de 1798, l'immense avantage de la nouvelle tactique et de l'artillerie; et par les travaux de l'armée d'Égypte, on peut juger de la force qu'il serait nécessaire de déployer dans une expédition contre Alger.

Qui pourrait d'ailleurs trouver mauvais qu'une forte garnison française prît position sur la côte d'Afrique, avec la mission de protéger le commerce de toutes les nations, et surtout des petits états que les corsaires inquiètent le plus.

Dans tous les cas, que la politique s'oppose ou non à l'établissement des Français sur cette côte, l'expédition est devenue indispensable, elle sera honorable; et quant aux frais, ils seront couverts par les trésors, l'artillerie et les munitions qui tomberaient en notre pouvoir.

Il est temps qu'un pays où la nature semble avoir épuisé ses trésors, qui est situé de manière à devenir l'entrepôt d'un commerce immense, cesse d'appartenir à des barbares, ennemis des chrétiens et de la civilisation.

J'ai cru me rendre utile en publiant ce Mémoire, où j'ai eu pour but de faire connaître le caractère et les mœurs des peuples d'Afrique, et le meilleur moyen de les vaincre; je m'estimerai heureux, si mes idées peuvent faire pencher pour la punition d'Alger, la balance dans laquelle sa destinée est pesée actuellement. Je considère le succès de l'expédition comme trop certain, pour qu'il y ait à balancer, et dans cette persuasion, j'ai pensé qu'on serait bien aise de trouver à la suite de ce Mémoire, l'état militaire adopté en Egypte, ainsi qu'un tarif des monnaies.

En résumé, le droit des gens s'oppose à ce qu'une poignée de brigands vive impunément aux dépens des peuples civilisés, dont ils pillent les négocians qu'ils égorgent, lorsqu'ils les trouvent désarmés. Le Roi est trop bon juge de l'honneur et des intérêts de la France, pour ne pas punir d'une manière digne de lui, l'insolence du chef de ces pirates. Qu'il tremble, ce ne sera pas en vain que le roi de France aura jeté sur lui un regard de colère.

C'est avec une conviction profonde que j'ai écrit ce Mémoire; l'expédition contre Alger ne présente aucune chance défavorable. Puisse le Roi me permettre de faire partie de l'armée de terre, je serai fier de montrer à mes camarades, comment on met le premier, le pied sur un sol ennemi.

MÉMOIRE

SUR LES MOYENS A EMPLOYER

POUR PUNIR ALGER,

ET

DÉTRUIRE LA PIRATERIE

DES PUISSANCES BARBARESQUES.

CARACTÈRE DES PEUPLES D'AFRIQUE.

Les habitans des côtes d'Afrique furent de tout temps les ennemis les plus cruels de la religion catholique, et par conséquent des peuples civilisés. Musulmans et renégats de toutes les nations, sans foi et sans lois, ils n'ont d'autre passion que l'amour des richesses, ou plutôt l'envie insatiable de s'approprier le bien des autres par tous les moyens, même les plus infâmes. Sans cesse livrés à la débauche et à la paresse, ennemis de l'industrie et de l'agriculture, ils n'ont d'autres chances de prospérité que le brigandage.

Depuis qu'ils existent, ils n'ont pris les

armes que pour égorger, et se partager ensuite les dépouilles de leurs victimes. Les marchands et voyageurs de toutes les nations chrétiennes qui naviguent en paix sur la Méditerranée, se reposant sur la foi des traités et sur le droit des gens, sont attaqués par ces forbans qui les pillent (1), les font esclaves, et les vendent sur les places publiques comme de vils animaux. Sans nulle distinction d'âge, de sexe ou de rang, ils sont condamnés à des travaux pénibles, sous la verge de ces féroces infidèles. Les souverains des peuples civilisés, cédant au cri de l'humanité, se sont unis pour abolir la traite des noirs; acte vraiment sublime, qui annonce les progrès que fait la société pour la prospérité du genre humain! Bientôt, espérons-le, les descendans de Charles-Quint et de Saint Louis, qui ont tant fait pour la religion, se réuniront pour abolir la traite des blancs.

---

(1) Des bâtimens marchands de Marseille et de Toulon, qui allaient faire le commerce sur les côtes d'Afrique, ont disparu dernièrement; on n'a pu en avoir aucune nouvelle. Qui les a coulés à fond? si ce n'est ces pirates, qui, après les avoir pillés, les ont ensevelis sous les flots pour effacer les traces de leur crime. On sait qu'il arrive rarement, sur la Méditerranée, des accidens assez graves pour faire sombrer sous voiles un bâtiment.

Des milliers d'hommes, italiens, napolitains, piémontais, génois, espagnols, autrichiens, anglais et français, gémissent, chargés de chaînes, chez les corsaires de Tripoli, de Tunis et d'Alger; enlevés sous nos yeux, c'est dans les lieux où réside le consul de leur nation, représentant son souverain, qu'ils sont esclaves des infidèles....... Le moment du châtiment est arrivé, et le canon, la mitraille, et le fer des baïonnettes, doivent bientôt frapper les assassins d'Alger, et assurer la liberté et la sécurité de notre commerce. Qu'ils apprennent pour toujours à respecter le pavillon français ! qu'ils apprennent que les mers, ainsi que le soleil, appartiennent à toutes les nations! que tous les hommes, sur la terre, quelle que soit leur religion, doivent vivre librement de leurs biens, de leur travail et de leur industrie. Cette vérité, il faut la graver partout chez eux avec la pointe de l'épée; avec les Turcs, les conseils de la raison sont illusoires, les menaces augmentent leur arrogance : pour leur faire comprendre ce qu'on a droit d'exiger d'eux, il faut employer l'*ultima ratio regum*: en un mot, le canon est le seul argument auquel ils puissent être sensibles.

Ce n'est pas seulement de nos jours que les habitans des côtes d'Afrique exercent leur atfreuse piraterie; ce goût est inné chez eux, et paraît être la conséquence de leur religion. En effet, c'est un acte méritoire pour un musulman que de tuer un chrétien; le Koran le lui ordonne, il lui prescrit même les formes à suivre en pareil cas. Les lecteurs du Koran (ministres de la religion) doivent encourager ceux qui veulent remplir ce devoir, ce qu'ils appellent *entrer dans le combat sacré*. C'est ce fanatisme qui a causé la mort du général en chef Kléber. Leur religion les autorise à nous mépriser, à nous haïr, à nous dépouiller, à nous vendre ou nous tuer comme des bêtes sauvages. Ils sont également barbares à Constantinople, en Palestine, en Egypte; nulle part ils n'ont des mœurs plus douces, et partout ils nous portent une haine égale.

C'est à leur conduite envers les négocians de l'Europe que nous devons la création des ordres de chevalerie, et notamment celle des preux et vaillans chevaliers de Saint-Jean-de-Jérusalem et de Malte, qui se sont immortalisés en combattant les musulmans, en protégeant la religion et le commerce. Voici ce qui donna naissance à l'ordre de Malte.

DES CHEVALIERS DE MALTE.

Création de l'Ordre.

De riches marchands de la ville d'Amalfi (royaume de Naples) qui faisaient le commerce du Levant, touchés de tout ce que les chrétiens avaient à souffrir des corsaires mahométans, donnèrent naissance à cet ordre sous le règne du calife d'Egypte Abou-Mansour, qui leur donna un asile à Jérusalem; de là leur premier nom de Saint-Jean-de-Jérusalem. Gérard, natif de Provence, en était le chef, lorsque Godefroy de Bouillon, duc de Lorraine, suivi d'un grand nombre de princes et de chevaliers (25,000 croisés), vint délivrer les chrétiens, en s'emparant de Jérusalem, l'an 1099. Mais lorsque cette ville fut reprise par les Sarrasins, les chevaliers se retirèrent dans l'île de Rhodes. Soliman II leur enleva encore cette île; alors l'empereur Charles-Quint leur céda Malte, à condition qu'ils auraient toujours sur mer une quantité suffisante de vaisseaux pour combattre les musulmans. Ils remplirent glorieusement leurs engagemens: des vaisseaux et des galères, montés et commandés par des chevaliers, protégèrent le commerce et défendirent la religion contre les Turcs; ils livrèrent de grands combats et soutinrent plusieurs siéges. Les infidèles cherchèrent vainement à détruire ce refuge de la religion, ce nouveau rempart de la chrétienté.

SIÉGE DE MALTE SOUTENU PAR LES CHEVALIERS SOUS LE GRAND-MAÎTRE JEAN DE VALLETTE.

Dragut, général des Musulmans, vint former le siége de Malte en 1565, avec une armée de 30,000 hommes. Il livra plusieurs assauts terribles que les chrétiens soutinrent avec une bravoure extraordinaire; le général ottoman y trouva la mort. Moustapha-Pacha, qui lui succcéda, attaqua vivement le fort Saint-Elme. Plusieurs chevaliers donnèrent alors des exemples d'un héroïque courage; blessés, ils refusèrent les secours de leurs camarades : « Retournez près de nos frères, » dirent-ils, vous y serez plus utiles; ne nous » comptez plus parmi les vivans. » Ils se traînèrent vers la chapelle où ils expirèrent, en se recommandant à Dieu. Tous les autres périrent sur la brèche. Ce fort tint si long-temps, qu'en y entrant, le pacha ne put s'empêcher de dire : « Que ne fera pas le père, puisque le

» fils qui est si petit nous coûte nos plus braves
» soldats (1). » Dès-lors il considéra la conquête de Malte comme impossible, et il ne songea qu'à se retirer. Cependant, pour intimider les chevaliers, il fit pendre ceux qu'on trouva parmi les morts, et même ceux qui avaient encore quelque souffle de vie. On leur ouvrit l'estomac, on leur arracha le cœur, on fendit leur corps en croix; on les revêtit de leurs soubrevestes, et, après les avoir attachés sur des planches, on les jeta à la mer. Les flots portèrent dans la ville ces cadavres défigurés; à cette vue, le grand-maître de Vallette ne put retenir ses larmes. Animé d'une juste indignation, il fit égorger les prisonniers turcs, dont on jeta les têtes sanglantes dans le camp de leurs compatriotes. La conservation de Malte couvrit les chevaliers de gloire, et cette place formidable resta en leur pouvoir jusqu'en 1798, que l'armée française s'en empara avant d'aller en Egypte.

---

(1) Il faut remarquer que le fort Saint-Elme est le plus petit de tous.

EXPÉDITION DE SAINT LOUIS, ROI DE FRANCE, EN ÉGYPTE, EN 1249.

Un zèle ardent pour la défense de notre religion, zèle bien digne du roi très-chrétien, conduisit Saint Louis en Egypte avec une nombreuse armée de croisés. Peu instruite sur l'espèce et le caractère des hommes qu'elle avait à combattre, ainsi que peu éclairée sur les localités, le climat et les ressources du pays où elle voulait porter la guerre, l'élite de la noblesse française ignorait qu'elle allait présenter le flanc à un essaim de misérables arabes, couverts de haillons, et qui ne se battent que pour avoir part au butin et aux dépouilles des vaincus.

La belle armée des croisés, à laquelle même on eût pu reprocher un peu de luxe, vint débarquer à Damiette. Après avoir fait des prodiges de valeur, et détruit, l'épée à la main, plus de 100,000 musulmans, elle eut à combattre un autre genre d'ennemis plus terrible; la famine, l'ophthalmie et la peste vinrent accabler ces héros tant de fois vainqueurs sur le champ de bataille. Ces cruels fléaux moissonnèrent en peu de temps toute la fleur de la noblesse : « La chair des jambes, dit le sénéchal

» Joinville, nous desséchait jusqu'à l'os, et le
» cuir nous devenait tanné de noir et de terre. »

Ce n'étaient partout que cris douloureux, que visages languissans, que personnes désolées qui pleuraient leurs amis morts ou mourans, et qui ne tardaient pas elles-mêmes à devenir pour les autres un sujet d'affliction; tout le camp n'était qu'un affreux hôpital et un vaste cimetière. Pour comble de malheur, le roi lui-même, dont la constance inaltérable avait soutenu celle de ses infortunés sujets, fut attaqué du mal contagieux, et l'on fut obligé de négocier une trêve avec les infidèles. Après beaucoup de discussions on était sur le point de conclure, lorsque les Sarrasins demandèrent pour ôtage la personne même du roi. A cette proposition, Geoffroy de Sargines, envoyé du roi, rompit la conférence en protestant, avec une noble colère, que jamais les Français n'auraient cette lâcheté : « Ils aimeraient beaucoup mieux que les Turcs les eussent tous tués, qu'il leur fût reproché qu'ils eussent baillé leur roi en gaige. »

L'armée des croisés, indignée d'une telle demande, se mit en marche pour regagner Damiette, où se trouvaient la reine et tous les vaisseaux. Quoique continuellement harcelée par les infidèles, la retraite se fit en bon

ordre et toujours en combattant. Philippe de Montfort, qui commandait l'arrière-garde, s'approcha du roi pour lui dire qu'il venait de voir l'émir avec lequel on avait entamé la négociation; « et que, si c'était son bon plai-
» sir, qu'encore de rechief il lui en irait par-
» ler. » Le monarque y consentit. Montfort va trouver le prince infidèle; on convient de part et d'autre des accommodemens : déjà ils se touchaient la main , « lorsqu'un traître,
» mauvais huissier, nommé *Marcel*, com-
» mença à crier à haute voix : *Seigneurs che-*
» *valiers français, rendez-vous tous; le roi*
» *vous le mande par moi, et ne le faites point*
» *tuer.* » A ces mots, la consternation devient générale : on obéit; le traité est rompu, et un émir se saisit de la personne de Louis. Tous les seigneurs, tous les chevaliers, l'oriflamme, les drapeaux, les bagages, tout est conduit en triomphe à Mansoure avec l'infortuné monarque.

A la nouvelle de la captivité du saint roi, on ne saurait dire quelle fut la douleur de la reine Marguerite, son épouse. On fut obligé de la faire veiller par un vieux chevalier, à qui elle donna l'ordre de lui couper le cou, si les infidèles s'emparaient de Damiette. Le roi traita de sa rançon et de celle de ses sujets qui avaient échappé à la maladie, et à la férocité des infidèles.

Héros jusque dans les fers, ce grand prince vit mille fois d'un œil tranquille la mort suspendue sur sa tête. Toujours il traitait en maître avec ses vainqueurs, qui, pleins d'admiration pour sa personne, mirent en délibération s'ils le choisiraient pour leur chef, après la mort de leur soudan qu'ils avaient assassiné. Mais ils craignirent que ce prince, avec une ame aussi fortement trempée, fît des changemens à l'Alcoran, et démolît les mosquées. Saint Louis remis en liberté, reprit le chemin de la France.

Ainsi finit cette trop malheureuse expédition qui a coûté tant de larmes, de sang et d'argent, et où se sont immortalisés tant de vaillans chevaliers.

Nous avons dit au commencement de cet article, que les croisés ignoraient la situation et les ressources du pays, ainsi que le caractère des hommes qu'ils allaient combattre. Le but de l'expédition était sans doute de reprendre Jérusalem ; alors, pourquoi débarquer à Damiette et non à Damas, comme l'avait fait Louis VII, roi de France, cent ans avant (1149). Cette célèbre capitale de la Syrie, assise sur la rivière de Baradi, dans le territoire le plus fertile de cette province, à 45 lieues de Jérusalem, offre beaucoup de ressources en armes, munitions et vivres. L'armée, après la prise de Damas, marchant de suite sur Jérusalem, en eût facilement fait la conquête, avant que le soudan d'Egypte eût pu s'y opposer : car, pour aller du Caire à Jérusalem, il faut traverser un grand désert. Les Turcs délibèrent long-temps avant de prendre un parti; et d'ailleurs, pour conduire une armée dans le désert, il faut d'abord la rassembler, préparer les munitions, assurer les vivres, et réunir un grand nombre de chameaux pour les transports. Une armée de musulmans de 250,000 hommes n'a pas plus de 50,000 combattans; il y a toujours deux tiers de domestiques et d'esclaves, qui mangent et embarrassent plus qu'ils ne sont utiles, et qui occasionent des désordres dans la marche.

En débarquant à Damiette, qui est sur une des branches du Nil, l'armée des croisés se trouvait entre cette même branche et le lac Menzaléh qui l'empêchait de se déployer en avant. Si le débarquement a eu lieu sur la rive gauche du Nil, comme cela est probable, puisque l'armée a marché sur les villes de Mansoure ou de Menouf, capitale de la province du Delta, les chrétiens se trouvaient dans un beau pays, mais enclavé dans deux fortes branches du Nil, dont l'une se jette dans la Méditerranée à Damiette, et l'autre à Rosette. Le Nil passe au Caire, résidence du soudan et de son gouvernement. A la première nouvelle de la descente des Français, ce prince pouvait de suite réunir ses troupes qui se composaient de cavalerie, faire suivre les vivres et les munitions sur des barques qui auraient descendu le Nil, et enfin atteindre les croisés avant qu'ils eussent fait dix lieues dans le pays. Au surplus, il suffisait d'observer l'armée du roi, et de l'empêcher de sortir de la province, en passant sur une des branches du Nil. Le général des infidèles savait que tous les ans le Nil déborde pendant trois mois, du 15 juin au 20 septembre; que pendant ce temps, la province où se trouvait l'armée chrétienne était sous les eaux; que, lorsque le Nil se retire, il laisse la terre couverte d'un limon qui rend encore pendant deux mois toute opération militaire impraticable, et qu'alors la peste et l'ophthalmie viennent ravager cette province, où ceux qui échappent à ces maladies, peuvent à peine se procurer des vivres.

En débarquant avec 25,000 hommes, au milieu des infidèles, les croisés avaient-ils le projet, avant d'arriver à Jérusalem, de détruire, l'épée à la main, plusieurs millions de barbares. Dans ce cas, c'était commencer par ce qu'il convenait de réserver pour la fin. Sans doute, il eût été glorieux pour un prince chrétien de conquérir la Terre-Sainte où avaient été le tombeau et la vraie croix du Sauveur, détruite et enlevée par les Perses et les Sarrasins. Former un tel dessein et même en commencer l'exécution, ne doit pas surprendre de la part de preux chevaliers; mais ce qui étonne, c'est qu'ils aient espéré pouvoir se maintenir en force au milieu de peuplades barbares pour qui rien n'est sacré. En effet, quel moyen de s'établir à 650 lieues de la France, puisqu'elle seule pouvait, par des convois transportés sur mer, alimenter l'armée; tandis que celle-ci, toujours les armes à la main, perdant annuellement le tiers de son monde par l'ennemi et les maladies, ne pouvait pas espérer de trouver des vivres dans un pays formé de tant de déserts, et où il n'était pas possible de s'éloigner de cinquante pas du gros de l'armée sans s'exposer à être assassiné.

La cour et la noblesse pouvaient-elles d'ailleurs rester long-temps absentes de France; et, en supposant que tous ces obstacles eussent pu être renversés, comment se ménager les moyens de revenir ? Toutes ces questions n'ont sans doute pas été mises en délibération dans le conseil du monarque avant de partir et d'entreprendre un voyage aussi long que périlleux.

En 1799, étant alors capitaine au 15ᵉ régiment de dragons de l'armée française en Egypte, je fus chargé, par le général en chef, de faire une levée de chevaux et de chameaux pour le service de l'armée. En parcourant la province de Mansoure pour cette opération, j'ai cherché à reconnaître la position qu'avait prise l'armée des croisés. Je n'ai pu concevoir qu'on ait pu donner au roi le conseil de débarquer dans un lieu aussi peu favorable; j'en ai conclu que l'armée ne pouvait pas éviter la catastrophe qui a terminé cette malheureuse expédition.

Je vais mettre en regard avec l'expédition des croisés, celle de l'armée française en 1798, sept siècles et demi après, quoiqu'elles n'aient pas eu le même but ni le même résultat. Le lecteur sera à même de juger de la tactique militaire des Français et des Turcs.

CONQUÊTE DE L'ÉGYPTE PAR LES FRANÇAIS, EN 1798.

Un ennemi redoutable, l'Angleterre, résistait toujours à la France. Le vainqueur de l'Italie proposa au Directoire de la réduire, en menaçant ses possessions lointaines de l'Inde. La faiblesse de notre marine ne permettait pas d'y porter directement des soldats. Bonaparte pensa qu'en s'établissant en Egypte, on pourrait ensuite se frayer vers l'Inde une route pareille à celle qu'avait tenue autrefois Alexandre; d'ailleurs, la possession de cette contrée offrait par sa culture même, des avantages supérieurs à ceux que la France avait retirés de ses colonies occidentales : le sucre, le coton, le café pouvaient croître sur les bords du Nil comme sous le climat brûlant des Antilles; Alexandrie pouvait encore une fois devenir le centre du commerce de l'Afrique et de l'Asie, et son port former l'entrepôt des marchandises des Indes.

Pour réaliser un tel projet, il fallait un homme qui joignît à un grand caractère une imagination féconde en ressources, et qui réunît la vigueur d'une rapide exécution à la solidité de la pensée. Il était question de tout créer dans ce pays, d'être tout à la fois législateur et conquérant, et de faire sortir du néant l'agriculture, les arts et le commerce anéantis sous la verge barbare du despotisme oriental.

Cette entreprise exigeait le plus grand secret. Vingt-cinq mille vieux soldats de l'armée d'Italie, commandés par des chefs et des généraux sous lesquels ils avaient l'habitude de vaincre, furent désignés; des savans, des artistes vinrent avec enthousiasme se ranger sous l'étendard du général en chef; d'immenses provisions, une artillerie nombreuse, furent embarquées à Toulon et dans d'autres ports de la Méditerranée.

Le 8 mai, le signal est donné; on lève l'ancre. La flotte se dirige vers le midi de l'Italie; des divisions sorties de Gênes, de Bastia, de Civita-Vecchia, s'y réunissent, et le 29, les Français se trouvent devant Malte. Trois jours suffisent pour s'emparer de cette forteresse qui avait si long-temps et si glorieusement résisté, sous le grand-maître Jean de Vallette, aux efforts de la puissance ottomane.

Le 19 juin, après avoir réorganisé les autorités et laissé une garnison de 3,000 hommes, commandés par le lieutenant-général comte Vaubois, on continua de voyager vers

l'orient. Le 30, on arriva sur les côtes d'E-
gypte, en vue de la Tour des Arabes. Quelques
jours avant, une proclamation avait appris
à l'armée sa véritable destination : — « Soldats,
» disait le général en chef, vous allez entre-
» prendre une conquête dont les effets sur
» la civilisation et le commerce du monde
» sont incalculables; vous porterez à l'Angle-
» terre le coup le plus sûr et le plus sensible!
» Les peuples chez lesquels vous allez entrer,
» traitent les femmes différemment que nous;
» mais, dans tous les pays, celui qui viole
» est un monstre. Le pillage n'enrichit qu'un
» petit nombre d'hommes; il nous déshonore,
» il détruit nos ressources, il nous rend enne-
» mis de ces peuples que nous avons intérêt
» d'avoir pour amis. La première ville que
» nous allons rencontrer a été bâtie par
» Alexandre; nous trouverons à chaque pas
» des souvenirs dignes d'exciter l'émulation
» des Français. »

Il fit appeler le consul français, pour avoir
des nouvelles de l'escadre anglaise commandée par Nelson, et connaître l'esprit de la
ville. Arrivé à bord de l'amiral, le consul lui
apprit qu'une sédition venait d'éclater dans
Alexandrie contre les chrétiens, au moment
où la flotte française avait été aperçue; que

Nelson ayant paru devant le port, trois jours avant avec 14 vaisseaux, avait invité les Turcs à se défendre; et qu'en quittant ce parage il avait fait voile vers le nord-est. Cette nouvelle était favorable, mais on devait penser que les Alexandrins défendraient vigoureusement leur ville et leurs forts. Il n'y avait pas un moment à perdre pour débarquer; Nelson cherchait partout la flotte française: c'est du moins ce qu'on a prétendu depuis. Cependant cette flotte, composée de 13 vaisseaux de ligne, de 17 frégates, 20 briks ou avisos, et de 350 bâtimens de transport, en tout 400 voiles, avait vogué pendant 52 jours sur la Méditerranée sans être aperçue des coureurs anglais. Il est vrai que deux fois on crut voir des voiles ennemies, et que le signal de branlebas général de combat fut donné chaque fois; et certes nous étions très-disposés à bien disputer la victoire.

PRISE D'ALEXANDRIE.

Le général en chef avait ordonné de débarquer au Marabou, et prescrit à l'amiral de faire mouiller aussi près que possible de ce lieu. Le vent du nord soufflait avec force, et l'agitation des flots qui se brisaient avec impétuosité contre les ressifs dont cette côte est bordée, rendaient le débarquement difficile et périlleux ; mais ces obstacles ne pouvaient arrêter des braves impatiens de prévenir les dispositions hostiles des habitans du pays.

Les divisions Kléber, Bon, Desaix, Regnier et Menou, avaient à peine mis une partie de leurs hommes à terre, que, sans attendre l'artillerie qu'on n'avait pas encore débarquée, on marcha sur Alexandrie. A deux heures du matin l'avant-garde fut attaquée par 300 cavaliers arabes. Après une décharge de mousqueterie, ils prirent la fuite et abandonnèrent les hauteurs qui dominent la ville ; on voulait parlementer, lorsque des hurlemens effroyables d'hommes, de femmes et d'enfans, et une canonnade qui démasqua quelques petites pièces, firent connaître les intentions de l'ennemi.

Le général en chef fit appeler auprès de lui un capitaine d'une caravelle turque qui était dans le vieux port, et le chargea de porter des paroles de paix aux habitans. Il leur annonçait que leurs propriétés, leur religion, leur liberté, seraient respectées, et que la France, jalouse de conserver l'amitié de la Porte ottomane, prétendait diriger la guerre seulement contre les Mameloucks. Ce capitaine entra dans la ville, suivi de quelques officiers français, et engagea les habitans à se rendre pour éviter le pillage et la mort. Bientôt les imans, les cheiks et les schérifs vinrent se présenter au général, qui leur réitéra l'assurance des dispositions amicales de la France. Ils se retirèrent pleins de confiance, et les forts, le phare, la ville et les deux ports furent remis aux Français. Le général ordonna de continuer les prières et les cérémonies religieuses comme avant l'arrivée des Français. Les Arabes, qui avaient attaqué le matin l'avant-garde, envoyèrent eux-mêmes des députés qui rendirent quelques Français tombés entre leurs mains; ils déclarèrent que, puisque les Français ne venaient combattre que les Mameloucks, et qu'ils ne voulaient pas faire la guerre aux Arabes, enlever leurs femmes, ni renverser la religion de Mahomet, ils ne pouvaient être leurs ennemis. Le général mangea avec eux le pain, gage de la foi des traités, et leur fit des présens qu'ils acceptèrent, ce qui était l'objet de leur visite; enfin ils firent toutes les démonstrations de reconnaissance, et jurèrent fidélité à l'alliance qu'ils venaient de contracter. Mais ce serment ne les empêcha pas de piller ensuite tous les

Français qu'ils purent surprendre. Cette journée mémorable (2 juillet 1798) ne nous coûta que quelques hommes, et nous valut notre premier établissement en Egypte.

DES MAMELOUCKS, DE LEUR ORIGINE ET DU GOUVERNEMENT DE L'ÉGYPTE A L'ÉPOQUE DE L'EXPÉDITION.

Les Mameloucks sont des esclaves turcs et circassiens que Malek-Saleh acheta des Tatars au nombre de mille; il les fit élever et dresser à la guerre, et confia ensuite les emplois les plus importans à plusieurs d'entre eux. Ce sont ces mêmes Mameloucks qui, en 1249, égorgèrent le sultan Melik-el-Moadham, à cause du traité qu'il avait fait, sans leur consentement, avec Saint Louis, et qui élevèrent Ezeddin-Bey, l'un d'entre eux, à cette dignité. D'Herbelot fait remonter la célébrité des Mameloucks à l'an 860. En 1798, lors de la conquête de l'Egypte par les Français, ce pays était gouverné par Mohammed-Aboudhahab qui avait été nommé par le Grand-Seigneur. Ses occupations, ou plutôt ses devoirs se bornaient à la nomination de quelques beys, auxquels il conférait le droit d'en nommer d'autres; du reste il était tout entier livré à la mollesse et aux plaisirs de son sérail; il avait cependant, quoiqu'il n'en fit pas usage, la plus grande autorité sur les beys et sur tout le pays soumis à sa domination. Les beys qu'il avait nommés à cette époque, étaient Ibrahim et Mourad-Bey, tous deux résidant au grand Caire ; Holmane-Bey-el-Korkayé, Kermade-Bey-el-Karargi, Moustapha-Bey-el-Quibir, Ayoud-Bey-el-Quibir, et Ayoud-Bey-Défdédare. Quoiqu'ils eussent tous une autorité fort étendue, cependant les deux premiers seuls s'étaient arrogé le droit de nommer les autres; le premier s'occupait spécialement de la partie civile et des finances de toute l'Egypte; il avait sous sa dépendance neuf autres beys choisis par lui. Mourad-Bey, chargé de la partie militaire, en avait sept qui lui obéissaient également.

Il y avait dans la haute Égypte un chef de beys, nommé Hacan-Aly-Bey, qui avait sous ses ordres cinq autres beys.

La force militaire de chaque bey consistait toute en cavalerie; chacun d'eux avait de 800 à 1200 mameloucks pour sa garde particulière, et commandait en outre à 150 kiachefs qui, étant gouverneurs de villes ou de grands villages, devaient avoir aussi, chacun sous ses ordres, cinquante mameloucks. Mourad et Ibrahim pouvaient toujours disposer de forces supérieures ; car on conçoit qu'un tel gouvernement était celui du plus fort et du plus brave. Tous les kiachefs étaient mariés d'après les ordres de leur bey, qui souvent leur donnait des femmes de son sérail, comme preuve particulière d'une grande faveur ; quoique ce ne fût jamais la plus jeune ni la plus jolie.

DES ARABES.

Il y a en Egypte, comme en Asie et dans le reste de l'Afrique, beaucoup de tribus d'Arabes. On les divise en Arabes bedouins et en Arabes cultivateurs. Les premiers ne sont que des bandes de voleurs formées en tribus ; ils s'établissent dans les déserts et y marquent leurs limites ; plus ils ont d'hommes, plus ils sont craints et respectés de leurs voisins. Ils ont soin de s'établir le plus près possible des pays cultivés et des routes des caravanes ; tout voyageur, étranger ou naturel, leur doit une contribution en passant sur leurs terres ; ils ne vivent que de rapines, et volent même des moutons, des chèvres et des chameaux aux Arabes cultivateurs, pour aller les vendre ensuite à d'autres Arabes de la même profession. Les chefs de ces tribus ne suivent d'autre loi que leur volonté; s'ils prononcent la peine capitale, la sentence est exécutée sans que personne ose réclamer, murmurer ou se plaindre. Lorsqu'ils se battent entre eux, celui qui succombe est à la discrétion du vainqueur; il paye sa rançon, ou il donne les hommes qui lui appartiennent, ses chevaux, ses bestiaux et ses femmes; autrement il reste esclave de celui qui l'a vaincu. Toute prise est reconnue propriété du vainqueur, il la vend ou s'en sert selon son plaisir ou son caprice; il y a de ces tribus qui sont extrêmement nombreuses, qui se font généralement redouter, même des Mameloucks.

L'Arabe cultivateur est un peu plus honnête homme, ou plutôt moins fripon; il cultive ses terres, élève ses bestiaux et fait le commerce avec les villes et les villages où il vend leurs produits. Tous ses hommes sont montés; on lui doit aussi une rétribution lorsqu'on passe sur ses terres.

Tous ces Arabes ne se battent que pour piller; ils sont aux aguets de tout ce qui se passe dans le pays, et des démêlés que les beys ont entre eux. Si l'affaire ne s'arrange pas à l'amiable ou par la médiation des autres beys, et que ce soit le sort des armes qui doive en décider, les chefs des tribus, soit cultivateurs, soit voleurs, montent à cheval avec tout leur monde, et se rendent sur le terrain où doit se donner la bataille. Ils commencent par recevoir des deux mains, chaque bey les payant pour rester neutres; ensuite le plus riche tâche de les acheter afin de les faire battre pour lui: dans ce pays, il n'y a ni parens ni amis, c'est la force et l'argent qui rendent la justice. S'ils ne prennent pas parti pour l'un ou pour l'autre, quoiqu'ils aient reçu des deux côtés pour rester neutres, ils se tiennent sur les flancs et le plus près possible des combattans, et lorsque la victoire est décidée, ils pillent sans miséricorde l'armée qui a été vaincue.

Quoique ces peuplades soient ordinairement lâches lorsqu'on les attaque vigoureusement, elles sont toutes braves et même audacieuses lorsqu'on bat en retraite. Alors elles ne laissent pas d'inquiéter les combattans, et les obligent d'avoir de fortes réserves de troupes pour garder leurs femmes et leurs trésors, sans cela elles vont piller leurs villages. Elles ont continuellement de petites patrouilles sur les limites de leurs tribus; quant à celles qui avoisinent la mer, s'il paraît un bâtiment, elles le suivent des yeux dans l'espoir qu'il fera naufrage; tout ce qui est jeté à la côte leur appartient de droit, à moins qu'ils soient les moins forts.

Cet état de choses pourrait empêcher de calculer au juste la force réelle de l'armée turque en Egypte, à l'époque de notre débarquement; car elle peut diminuer ou augmenter de 50,000 hommes de cavalerie, selon que les Arabes sont avec ou contre elle. Si le pacha a beaucoup de mameloucks, de troupes et d'argent, il est obéi et craint. Comme Mourad-Bey n'avait rien négligé pour avoir une armée formidable à nous opposer, elle se composait de 40,000 Mameloucks et de 150,000 Arabes; il avait en outre une belle flottille sur le Nil. Nous allons voir toutes ces forces en action à la première bataille; le lecteur jugera si le général turc a su tirer parti du nombre.

BATAILLE DE CHEBREIS (1).

Du moment où le général en chef se fut rendu maître d'Alexandrie, il sentit que sa

---

(1) Je ne parlerai en détail que de deux batailles, celle de Chebreis et celle des Pyramides, parce qu'elles ont

position ne serait assurée en Egypte que lorsqu'il aurait occupé sa capitale, vaincu les Mameloucks, et forcé les beys d'abandonner les siéges de leur domination. Après avoir organisé le service à Alexandrie et laissé une forte garnison commandée par Kléber, qui avait été blessé lors de la prise de la ville, il marcha aussitôt vers la capitale. L'armée commença à se mettre en mouvement le 7 juillet; une colonne se dirigeant sur Rosette, en longeant la côte, fut obligée de passer un petit bras de mer au-dessus d'Aboukir : l'autre colonne traversa le désert en se dirigeant sur Rhamanieh ; pendant la route elle fut harcelée par les Arabes, et le 9 elle arriva à Rhamanieh. Le général en chef y séjourna deux jours pour y attendre la flottille et le général Menou qui avait passé par Rosette. Pendant ces deux jours l'armée fut exercée à former lestement des carrés.

Le 17 on se mit en marche pour livrer bataille à l'ennemi partout où on pourrait le rencontrer. Les mamelouks étaient à une lieue plus loin, leur droite appuyée sur le village

---

décidé du sort de l'Egypte, ayant suffi pour détruire les Mameloucks. Je puis en parler avec connaissance de cause : j'étais du nombre des combattans.

de Chebreis, situé sur le bord du Nil, sur lequel ils avaient une flottille composée de chaloupes canonnières et de djermes armées. Le général en chef avait donné ordre à sa flottille de continuer sa marche en se dirigeant de manière à pouvoir appuyer la gauche de l'armée, et combattre la flotte ennemie au moment où l'on attaquerait les mameloucks et le village de Chebreis; mais la violence des vents ne permit pas de suivre ces dispositions, la flottille dépassa l'aile gauche de l'armée, gagna une lieue sur elle, et, se trouvant en présence, se vit obligée d'engager un combat d'autant plus inégal, qu'elle avait à soutenir à la fois le feu des mamelouks, des fellahs, des arabes et celui de la flottille égyptienne. Les fellahs, conduits par les mameloucks, se jettent à l'eau, et parviennent à s'emparer d'une chaloupe canonnière. Le chef de division Perrée fait attaquer aussitôt avec tout ce qu'il a de monde disponible, et parvient à reprendre la chaloupe canonnière et une demi-galère. Son chebeck, qui vomissait de tous côtés le feu et la mort, protégea la prise de ces deux bâtimens en brûlant les chaloupes ennemies. Il fut puissamment secondé dans ce combat inégal, mais d'autant plus glorieux, par le général Andréossi (le même qui vient d'être nommé député) et MM. Monge, Berthollet, Junot et Payeur qui se trouvaient à bord. Cependant le bruit du canon avertit le général en chef de l'engagement de la flottille, et il fit marcher au pas de charge. En approchant de Chebreis, il aperçut les mameloucks rangés en bataille en avant de ce village. Il n'avait que 3oo cavaliers, tandis que les mameloucks formaient un magnifique corps de cavalerie, couvert d'or et d'argent, armé des meilleures armes à feu des fabriques anglaises, des sabres les plus beaux de l'Orient et monté sur d'excellens chevaux.

Le général en chef reconnut la position et forma l'armée ; elle était composée de cinq divisions. Chacune fit un carré qui présentait à chaque face six hommes de hauteur, l'artillerie aux angles, au centre les bagages ; les grenadiers de chaque carré étaient en pelotons qui flanquaient les divisions, et destinés à les renforcer. Les sapeurs, les dépôts d'artillerie prirent position, et se barricadèrent dans deux villages en arrière, afin de servir de point de retraite en cas d'événement. L'armée n'était plus qu'à demi-lieue des mameloucks : ils s'ébranlent par masses, sans aucun ordre de formation, et caracolent sur nos flancs et sur nos derrières ; d'autres masses fondent avec impétuosité sur la droite et sur le front de l'armée; on les laisse approcher jusqu'à portée de mitraille : aussitôt l'artillerie se démasque, et son feu les met en fuite. Quelques pelotons des plus braves fondent sur nos flanqueurs avec intrépidité; on les attend de pied ferme, et presque tous sont tués, ou par le feu de la mousqueterie, ou par le fer des baïonnettes. Animée par ce premier succès, l'armée s'ébranle au pas de charge, et marche sur Chebreis; ce village est emporté après une faible résistance; la déroute des mameloucks est complète; ils fuient en désordre vers le Caire; leur flottille prend également la fuite en remontant le Nil, et termine ainsi un combat qui durait depuis deux heures avec acharnement. Ce fut surtout à la valeur des troupes à cheval, démontées, qui étaient embarquées sur la flottille, commandées par le brave général Zazou-Kieh, mort dernièrement vice-roi de Pologne, que l'on dut la gloire de cette journée.

BATAILLE DES PYRAMIDES.

Le général en chef ayant appris que Mourad-Bey, à la tête d'un corps de mameloucks et d'une multitude d'arabes et de fellahs, était retranché au village d'Embabé, à la hauteur du Caire, vis-à-vis la ville de Boulac, et qu'il attendait les Français pour les combattre, s'empressa d'aller lui présenter la bataille. Le 20 juillet 1798, à deux heures du matin, l'armée partit d'Ommel-Dénar ; la division du général Desaix, formant l'avant-garde, chassa devant elle un corps de mameloucks et un grand nombre d'Arabes. A deux heures après midi, l'armée arriva aux villages d'Ebverach et de Boutis, à trois quarts de lieue d'Embabé. De loin on apercevait le corps des mameloucks qui étaient dans ce village; la chaleur était brûlante et le soldat extrêmement fatigué. Le général en chef fit faire halte; les mameloucks, ayant aperçu l'armée française, se formèrent aussitôt en avant de sa droite dans la plaine. Un spectacle aussi imposant n'avait jamais frappé les regards des Français; les mameloucks avaient déployé tout le luxe de leur tenue; une partie de leurs turbans était déroulée et voltigeait sur le côté gauche; leurs armes étaient étincelantes ; leur camp était couvert de tentes de différentes couleurs, la plupart surmontées de boules et de croissans dorés. On découvrait à droite ces fameuses pyramides dont la masse a survécu à tant d'empires et bravé depuis trente siècles

les outrages du temps; à gauche on découvrait le Nil, le Caire avec toutes ses mosquées et les plaines de l'antique Memphis : l'âme se trouvait élevée à la vue de ces édifices. L'armée, impatiente d'en venir aux mains, fut bientôt rangée en bataille. Les dispositions furent les mêmes qu'au combat de Chebreis; la ligne formée par échelons et par divisions, refusait sa droite. A peine l'ordre de se mettre en mouvement fut-il donné, que les mamelouks, qui jusqu'alors avaient paru indécis, prévinrent l'armée : ils menacèrent d'abord le centre; mais tout à coup, changeant de direction, ils se précipitèrent avec impétuosité sur la droite où se trouvaient les divisions Desaix et Regnier. Ils chargèrent intrépidement ces carrés qui, fermes et immobiles, ne firent usage de la mousqueterie et de la mitraille qu'à demi-portée ; en vain la valeur téméraire des mameloucks essaie-t-elle de renverser ces murailles de feu et ces remparts de baïonnettes, ils viennent expirer à leur pied. Leurs rangs sont éclaircis par le grand nombre de morts et de blessés, et ils s'éloignent sans oser entreprendre de nouvelles charges.

Tandis que les divisions Desaix et Regnier repoussaient avec tant de succès la cavalerie des mameloucks, les divisions Bon, Menou, et Kléber, commandées par le général Dugua, marchaient au pas de charge sur le village retranché d'Embabé. Deux bataillons commandés par les généraux Rampon et Marmont, sont détachés avec ordre de tourner le village et de profiter d'un large fossé, pour s'avancer jusqu'au Nil, en dérobant leur mouvement à l'ennemi. Ces divisions, précédées de leurs flanqueurs, s'avancent au pas de charge malgré les attaques des mameloucks que les flanqueurs contiennent avec succès. L'ennemi démasque alors quarante mauvaises pièces de canon; les divisions françaises se précipitent avec impétuosité et ne lui laissent pas le temps de recharger ses pièces; le camp, le village et le retranchement sont enlevés à la baïonnette et sont au pouvoir des Français. 1500 mameloucks à cheval et autant de fellahs, auxquels les généraux Rampon et Marmont avaient coupé toute retraite en tournant Embabé, prirent une position retranchée derrière un fossé qui joignait le Nil; malgré leurs grands efforts, ils ne purent résister au courage des Français, et furent tous passés au fil de l'épée ou noyés dans le Nil. 40 pièces de canon, 400 chameaux, les bagages et les munitions de l'ennemi furent le prix de la victoire. Les mameloucks étaient montés sur de superbes chevaux arabes richement équipés, et leurs bourses étaient pleines d'or ; tant de butin dédommagea le soldat des peines et des fatigues qu'il avait supportées. Il n'avait, depuis quinze jours, pour nourriture que des légumes en petite quantité, et point de pain ; les vivres trouvés dans le camp des ennemis ramenèrent l'abondance pour quelque temps. Mourad-Bey, voyant le village d'Embabé pris, ne songea plus qu'au moyen d'assurer sa retraite ; quoique l'armée fût en marche depuis deux heures du matin et qu'il en fût six du soir, elle le poursuivit encore jusqu'à Gizeh. Il n'y avait plus de salut pour lui que dans une prompte fuite, il en donna le signal. L'armée française prit position à Gizeh, après dix-neuf heures de marche ou de combat. Jamais victoire plus importante ne coûta moins de sang ; les Français n'eurent à regretter dans cette journée, que dix hommes tués et trente blessés ; jamais succès ne fit mieux sentir l'avantage de la tactique moderne des Européens sur les attaques tumultueuses des Musulmans, et la prépondérance du courage discipliné, sur une valeur désordonnée et irréfléchie.

PRISE DU CAIRE.

Le lendemain matin les grands du Caire se présentèrent sur le Nil, offrant de remettre la ville au pouvoir des Français. Ils étaient accompagnés du kiaja du pacha; Ibrahim-Bey, qui s'était enfui pendant la nuit, avait emmené le pacha.

Le général en chef les reçut à Gizeh; ils demandèrent protection pour la ville, et protestèrent de sa soumission. Le général leur répondit que le désir des Français était de demeurer amis du peuple Egyptien et de la Porte-Ottomane, et que les mœurs, les usages et la religion du pays seraient scrupuleusement respectés. Cette ville où l'on compte 500,000 habitans, devint le centre du gouvernement et de l'administration française en Egypte; on vit des savans y former un institut; des artistes y établir des manufactures, faire sortir l'agriculture et les arts de leurs tombeaux, et rechercher soigneusement toutes les traces des monumens qui avaient illustré autrefois l'antique monarchie, dont Memphis avait été la capitale. L'armée, excepté la division Desaix, occupa le grand et le vieux Caire, la citadelle et la ville de Boulac.

DÉPART DE LA DIVISION DESAIX POUR LA HAUTE ÉGYPTE.

Après avoir pris quelques jours de repos, le général Desaix partit de Gizeh, et poursuivit Mourad-Bey dans la haute Egypte, jusqu'aux cataractes, à 200 lieues du Caire. Avant d'arriver à Syene, Mourad-Bey traversa le Nil, et revint du côté du Caire; il avait encore sous ses ordres 12,000 mameloucks. Il souleva les habitans, une grande quantité d'Arabes, et fut rejoint par une troupe de mékins (milice bourgeoise armée de fusils à mèche). Il avait annoncé aux Arabes notre dernière heure, et les enflammait par la promesse de nos dépouilles.

La division traversa le Nil à la hauteur de la fameuse ville de Thèbes. On poursuivit l'ennemi l'épée dans les reins. Il fut battu toutes les fois qu'il nous attendit, à Bénéadi, Samanhou, Gébémi, Golymin, Syène, Soubama, Sédiman, Kéné. En partant de Gizeh, la division était forte de 3,000 hommes d'infanterie, d'une compagnie d'artillerie légère, et de 600 hommes de cavalerie commandés par le général Davoust (mort à Paris, pair et maréchal de France). Mourad-Bey, après avoir éprouvé des pertes considérables en hommes et en bagages, s'enfonça dans le désert, et laissa les Français jouir paisiblement de leur conquête. Cette division eut à combattre les mameloucks, les fellahs, les mékins, les arabes et toute la population que Mourad-Bey avait soulevée contre nous. Le soldat manqua de pain plusieurs jours; il vivait de racines, de dattes, de chair de chevaux, de chameaux, etc. Les vivres qu'on trouvait dans de pauvres villages arabes étaient partagés également. Soldats, officiers et généraux recevaient la même ration; personne ne murmurait; la plus parfaite discipline fut toujours observée, et l'union la plus franche régna constamment entre les différens corps. Cette division a fait en six mois plus de quatre cents lieues, détruit quatre-vingt mille ennemis, et maintenu dans l'obéissance plus de quinze cent mille habitans. Tels sont les succès obtenus par 3,650 français bien commandés et disciplinés. Au total, l'armée française en Egypte occupait quatre cents lieues de pays (d'Alexandrie aux Caractes, et du Caire au fort Dattier); elle a construit des forts, formé des établissemens, livré, pendant trois ans et demi, trente-sept batailles, cent vingt-six combats, et détruit cinq armées combinées d'anglais et de turcs.

LE GÉNÉRAL EN CHEF KLÉBER ASSASSINÉ.

Le grand-visir perdant tout espoir de vaincre les Français en Égypte par la force des armes, n'eut pas honte d'employer le fer d'un assassin. Il fit proclamer dans la ville de Jaffa, en Palestine, qu'il serait accordé une grande récompense dans ce monde et une plus grande dans l'autre (les Turcs croient à la métempsycose), à celui des musulmans qui voudrait entrer dans le combat sacré, et aller tuer le sultan Kibir des Français en Égypte. Un malheureux fanatique, fils d'un marchand de beurre de Jaffa, se présenta; il reçut de l'argent et des instructions. Adressé à des lecteurs du Koran au Caire, il se mit en marche, arriva à sa destination, et fit part de son dessein aux ministres de sa religion qui l'engagèrent à y persister, et lui firent connaître sa victime. Pendant deux mois il suivit le grand quartier-général ; enfin il trouva le moyen de pénétrer dans le jardin où était le général en chef qui se promenait sans armes avec le colonel Crétin; il se présenta comme pour demander une grâce; le trop confiant général lui donna sa main à baiser : il saisit cette main et frappa le général de cinq coups de couteau; la France perdit en un moment un de ses meilleurs capitaines, et l'armée son chef et son seul appui.

L'assassin et ses complices furent condamnés, le premier à avoir le poing brûlé et à être empalé, et les trois lecteurs à avoir la tête tranchée. Ces malheureux marchèrent d'un pas ferme au supplice, et subirent leur châtiment sans se plaindre ni même changer de couleur; lorsque le bourreau enfonça le pal dans le corps de l'assassin, il criait *kama* (c'est-à-dire encore) à chaque coup de maillet. On peut juger par ce fait de l'influence du fanatisme sur les idées des Turcs.

RÉSULTAT DE L'EXPÉDITION, DÉPART DE L'ARMÉE POUR LA FRANCE.

Le général de division Abdallah-Menou, après la mort du général Kléber, prit le commandement de l'armée, réduite depuis la bataille d'Aboukir à 7,500 hommes. Concentrée devant la ville d'Alexandrie, ne recevant aucune nouvelle de France, luttant continuellement contre les Mameloucks, les Ottomans et les Anglais, l'armée conservait dans ses malheurs cette noble fierté et ce rare courage qui caractérisent le soldat français; la moindre idée de déposer les armes soulevait tous les cœurs d'indignation.

Le général Menou avait laissé de faibles garnisons dans les divers établissemens et dans les forts du Caire, qui seraient tombées tôt ou tard au pouvoir des ennemis si on ne les eût secourues. Le général de division Belliard, partit d'Alexandrie avec 2,600 hommes, et alla reprendre nos positions au grand Caire. L'ennemi le suivit de près; on se battit tous les jours avec acharnement, au dehors avec l'armée turque et anglaise, au dedans pour contenir une population de 500,000 habitans.

Les Anglais qui avaient appris à nous connaître à leurs dépens, et à nous estimer, firent des sommations auxquelles on répondit de manière à leur ôter l'espoir de nous voir poser les armes; enfin ils proposèrent une convention honorable, par laquelle ils se chargeaient de conduire en France, sur leurs vaisseaux et à leurs frais, la division du général Belliard, avec armes, drapeaux, artillerie de campagne, bagages et cent chevaux arabes. Tous les articles de cette convention furent fidèlement et loyalement exécutés par les deux nations. Il était convenu que la division marcherait seule, militairement, et à petites journées ; qu'un fort détachement d'Anglais la précéderait d'une journée ; que les Turcs et les Anglais qui suivraient le mouvement, marcheraient à une journée de distance, et qu'aucun arabe ne se présenterait sur son flanc. La division s'embarqua entre Aboukir et Rosette, et débarqua à Marseille. Les Français, sous les ordres d'Abdallah-Menou ne furent pas plus heureux. Ce général capitula un mois après notre départ.

Si le général Kléber n'eût pas été assassiné, si l'armée eût reçu seulement un renfort de 10,000 hommes, toutes les forces réunies des Turcs et des Anglais seraient venues échouer contre nos baïonnettes, et les Français seraient encore en Egypte. Nos établissemens étaient formés, la correspondance établie et protégée par des forts où il y avait garnison. Le gouvernement que nous avions créé avait la confiance des habitans. L'armée était acclimatée, presque tous les soldats parlaient arabe, et les officiers avaient une parfaite connaissance des localités; cet état de choses offrait donc de grands moyens de conserver l'Egypte.

Les cadres rentrés en France ont formé le noyau d'une armée de 80,000 hommes, et une pépinière d'excellens officiers. En comparant ces deux expéditions, on voit que c'est aux améliorations survenues dans notre tactique militaire, et surtout à l'usage du canon et aux carrés d'infanterie, que nous avons dû nos succès pendant la dernière expédition de 1798.

DE LA GUERRE CONTRE LES PUISSANCES BARBARESQUES.

On entend ordinairement par corsaire ou pirate, celui qui court les mers sans commission ou avec de faux papiers, sur un vaisseau armé en guerre, pour voler et piller les bâtimens marchands et vendre les prises. Autrefois, les pirates se cachaient après avoir commis le crime; mais aujourd'hui, les chefs des gouvernemens de ces mêmes brigands ont connaissance de cet infâme trafic, ils le tolèrent en temps de paix, et souvent même ils l'autorisent en achetant les prises, et en faisant travailler comme de vils esclaves les hommes qui en proviennent. Ces mêmes chefs de pirates prétendent obliger les peuples civilisés à aller racheter leurs compatriotes, leurs parens, leurs amis pris en voyageant pour leur commerce. Il faut avouer que c'est là le comble de l'humiliation.

Polybe nous apprend que les Romains, sous

les premiers consuls, exerçaient la piraterie. Dans ces temps barbares, les Romains, qui avaient besoin de s'enrichir, étaient peut-être excusables; les Algériens, dont l'origine n'a rien de plus illustre que celle des Romains, les ont trop bien imités; mais devraient-ils se permettre cet infâme métier dans le 19e siècle. Tous les souverains de l'Europe ont eu à se plaindre des corsaires de Tripoli, de Tunis et d'Alger, ils leur ont fait la guerre, détruit leur capitale; mais, par malheur, trop souvent divisés d'intérêt personnel, leurs mesures ont toutes été prises partiellement et se sont trouvées sans résultats, comme dans toutes les guerres de la Palestine, de Jérusalem, qui a été prise, reprise, détruite, brûlée et rebâtie cinquante fois, soit par les Chrétiens, les Infidèles, les Turcs, les Sarrasins ou les Perses. Chacun, en effet, y a un temple et des prétentions, comme si cette ville était encore la même qu'en l'an 33 de l'ère chrétienne. Si l'on avait eu la ferme volonté de les réduire, on les aurait obligés à vivre du produit de leur commerce et de leurs terres. Nous pouvons nous passer d'eux; tandis qu'ils ne peuvent pas vivre sans nous, et sans faire le commerce avec les peuples chrétiens. Ils sont incapables de résister, et toutes les fois qu'on leur a fait une guerre en règle, ils ont été battus.

SIÉGE DE TRIPOLI.

Tripoli était autrefois très-florissante, avant le siége qu'elle soutint contre les Espagnols qui avaient à se plaindre de ses corsaires. Détruite par le général don Pèdre de Navarre, elle fut rebâtie; elle est aujourd'hui, comme autrefois, fameuse par ses pirateries, quoique son territoire soit fertile; car il s'y fait un grand commerce d'étoffes, de blé, d'huile, de safran et de dattes; on y élève aussi des chevaux très-estimés.

SIÉGE DE TUNIS.

Les mercenaires de Carthage ne recevant pas leur paie, se révoltèrent au nombre de 100,000, et s'emparèrent de Tunis; mais Amilcar Barca, général carthaginois, vint en former le siége. Tous les révoltés et leurs chefs furent mis à mort. Ils avaient déjà des corsaires qui commettaient continuellement les cruautés les plus barbares.

En 1159, Abdoulmoumen, roi de Maroc,

la prit au roi de Sicile et la rendit fameuse par ses pirateries. Saint Louis y mourut de la peste, en l'assiégeant, l'an 1270. Aux approches des Français, le roi de Tunis signifia qu'il ferait massacrer tous les chrétiens dans ses états, si l'on avait la hardiesse d'assiéger sa capitale; mais la maladie du roi empêcha que ce siége fût poussé avec vigueur. Après la mort du monarque, Philippe III, son fils et son successeur, conclut une trève de dix ans avec les infidèles, et revint en France.

En 1535, Mulley-Hassan, roi de Tunis, chassé de ses états par Barberousse, la terreur des Chrétiens, vint implorer Charles-Quint, qui lui jura de le replacer sur son trône. Il rassembla, pour cet effet, une flotte composée de 300 voiles, portant 25,000 hommes de pied et 2,000 chevaux. On débarqua à la Goulette, endroit où Saint Louis avait placé son camp; tandis que l'on foudroyait la place par terre, les galères, avançant tour à tour, faisaient leurs décharges. La grande caraque de Malte et un galion de Portugal ruinèrent une partie des fortifications et démontèrent les batteries de la tour; la place étant ouverte en plusieurs endroits, on résolut de l'emporter l'épée à la main. Les Chrétiens montèrent à l'assaut, pénétrèrent par les brèches et s'emparèrent des boulevards et du haut de la tour. Chasse-diable et Sinan-le-juif, chefs des défenseurs de la Goulette, ne pouvant résister aux Impériaux vainqueurs, se retirèrent dans Tunis, où leur arrivée répandit la terreur et le désespoir. L'Empereur entra dans cette forteresse suivi de Muley-Hassan, à qui il dit : « Voici la » porte par où vous rentrerez dans vos états. »

Barberousse fut épouvanté du succès de Charles-Quint. Avec la Goulette, il perdait quatre-vingt-sept galères, et plus de trois cents pièces de canon de bronze renfermées dans cette citadelle. Il tint conseil avec les Turcs, et leur montra les dangers auxquels ils se trouvaient exposés. Ils avaient deux ennemis également à craindre : les habitans et les Arabes qui détestaient leur domination. Vingt-cinq mille esclaves chrétiens dans Tunis devaient nécessairement chercher à se révolter et à ouvrir les portes aux Espagnols. Il déclara qu'à l'égard de ces esclaves, il était résolu à les faire égorger. Sinan-le-juif lui représenta qu'il se rendrait odieux à toutes les nations; qu'il y perdrait la rançon des plus considérables; qu'il fallait au moins n'en venir à une mesure aussi cruelle que dans le moment de la plus affreuse extrémité. Barberousse voulut bien suspendre l'exécution de l'horrible projet qu'il avait formé; mais il fit charger les esclaves de nouvelles chaînes, les fit enfermer dans le château, et fit mettre dessous plusieurs barils de poudre (1). Il passa le reste de la nuit agité par la crainte et l'espérance, et dans l'attente d'un jour qui devait décider de son sort. Il sortit de Tunis le lendemain à la tête de 80,000 hommes, et vint camper dans une plaine à une lieue de la ville : les deux armées se trouvèrent bientôt en présence. Les Arabes attaquèrent les chrétiens d'abord avec assez d'assurance; mais à peine eurent-ils essuyé la première décharge de l'artillerie, qu'ils se débandèrent et entraînèrent avec eux les Maures et même les Turcs. Barberousse voulut les ramener au combat, mais il furent sourds à sa voix, et ne prirent conseil que de la terreur dont ils étaient saisis. Barberousse, frémissant de colère, fit sonner la retraite, rallia les fuyards et passa

---

(1) Comme on voit, ce n'est pas à l'humanité que les esclaves ont dû de ne pas être égorgés, mais bien à son avarice; il ne voulait pas perdre leur rançon. Et quels étaient ces esclaves chrétiens? des marchands italiens, allemands, français, espagnols et anglais, pris par des corsaires, en voyageant en temps de paix pour leur commerce.

la nuit en bataille sous les murs de la ville. Tandis qu'il délibérait s'il irait de nouveau attaquer les chrétiens, ou s'il s'enfermerait dans Tunis, on vint lui annoncer que les esclaves avaient brisé leurs chaînes et s'étaient rendus maîtres du château. Barberousse y accourut, on lui répondit à coups de mousquet et par une grêle de pierres. Transporté de fureur il s'écria que tout était perdu, puisque les esclaves s'étaient emparés du château et de tous ses trésors. Il sortit aussitôt de Tunis suivi de quelques turcs, et se mit en sûreté. L'empereur averti de ce qui se passait, entra dans la ville qui fut livrée au pillage, pendant lequel plus de deux cent mille personnes périrent; beaucoup croyant éviter la mort par la fuite, la trouvèrent dans les sables brûlans du désert, où elles moururent consumées par la chaleur et la soif. L'empereur rétablit Muley-Hassan sur son trône. Tunis jusqu'à nos jours n'a plus été qu'une retraite de pirates.

SIÉGE D'ALGER.

Les continuelles pirateries d'Alger firent en tout temps de cette ville l'objet de la haine universelle des princes chrétiens, et les ravages de son dey Barberousse sur les terres de l'empire, l'avaient rendu odieux à Charles-Quint; cet empereur attendait avec impatience l'occasion favorable de se venger. Il résolut de tenter la conquête d'Alger, et débarqua avec son armée. Avant de commencer l'attaque, on envoya au vieil eunuque Hassem qui commandait en l'absence de Barberousse, alors à Constantinople, un gentilhomme adroit et éloquent pour tâcher de l'intimider et même de le corrompre. Ce gouverneur répondit, que c'était être fou que de se mêler de conseiller un ennemi; mais que ce serait être encore plus fou que de s'arrêter au conseil d'un ennemi (1). Ce siége traîna en longueur, sans succès bien marqués d'un côté ni d'un autre.

Louis XIV, craint partout, ne songeait qu'à se faire respecter davantage; il jeta un coup-d'œil sur la marine, et bientôt il fit construire 100 vaisseaux de ligne et fit mettre sur pied 60,000 matelots. Ses escadres, commandées par Duquesne, nettoyaient les mers infestées

---

(1) Ne voit-on pas dans cette réponse, faite en 1541, la conduite du Grand-Seigneur à Constantinople, en 1827, à l'égard des ambassadeurs russe, anglais et français dans la cause des Grecs.

par les pirates d'Alger et de Tunis. Pour se venger d'Alger, il employa un art nouveau. Cette invention funeste, mais admirable, est celle des galiottes à bombes, avec lesquelles on peut réduire en cendres les villes maritimes. Il y avait un jeune homme nommé Bernard Renaud, connu sous le nom du petit Renaud, qui, sans avoir jamais servi, était devenu, à force de génie, un excellent constructeur de marine. Colbert, qui savait déterrer partout le mérite, même dans l'obscurité, l'avait souvent appelé au conseil de marine, en présence du Roi. C'était par les soins, et d'après les lumières de Renaud, que l'on suivait depuis peu une méthode plus régulière et plus facile pour la construction des vaisseaux. Il osa proposer dans le conseil, de faire bombarder Alger avec une flotte; on n'avait pas d'idée que des mortiers à bombes pussent n'être pas posés sur un terrain solide. Cette proposition révolta; il essuya les contradictions et les railleries que tout inventeur doit attendre. Mais sa fermeté et cette éloquence qu'ont d'ordinaire les hommes vivement frappés de leur invention, déterminèrent le Roi à permettre l'essai de cette nouveauté. Renaud fit construire cinq bâtimens plus petits que les vaisseaux ordinaires, mais plus forts de bois, sans ponts, avec un faux tillac à fond de cale, sur lequel on maçonna des creux où l'on plaça des mortiers. Il partit avec cet équipage, sous les ordres du vieux Duquesne, qui était chargé de l'entreprise, mais n'en attendait aucun succès. Duquesne et les Algériens furent étonnés de l'effet de ces bombes; une partie de la ville fut écrasée et consumée en peu de temps. (30 avril 1682.)

Alger punie, recommença ses brigandages, et Louis XIV renouvela son châtiment le 30 juin suivant (14 mois après). Alger, deux fois bombardée, envoya des députés demander pardon au monarque et recevoir la paix. Les Algériens rendirent tous les esclaves chrétiens et donnèrent encore de l'argent, ce qui est pour eux la plus grande punition. Lorsque d'Amfreville, capitaine de vaisseau, vint délivrer, dans Alger, tous ces esclaves chrétiens, au nom du roi de France, il s'en trouva beaucoup d'Anglais. Ils étaient déjà à bord, lorsqu'ils soutinrent à d'Amfreville que c'était en considération du roi d'Angleterre qu'ils étaient remis en liberté; alors le capitaine français fit appeler les Algériens, et remettant les Anglais à terre : « Ces hommes-ci, dit-il, prétendent n'être délivrés qu'au nom de leur roi; le mien ne prend pas la liberté de leur offrir sa protection; je vous les remets, c'est à vous de montrer tout ce que vous devez au roi d'Angleterre. »

Six années après, le maréchal d'Estrées bombarda encore Alger, toujours infidèle à ses traités, toujours vivant de brigandages et de rapines. 10,000 bombes ruinèrent cette retraite de corsaires, et six de leurs vaisseaux furent coulés bas dans le port. Ils apprirent ainsi à respecter le pavillon français et la liberté des mers, mais envers les grandes puissances; car ils ne cessèrent pas de piller impunément les sujets des états faibles qui manquaient de bombes et de vaisseaux de guerre pour se faire craindre (1).

Alger ne tarda pas à rompre encore les traités; oubliant les bombardemens qu'elle avait subis, elle recommença ses pirateries; ce qui prouve qu'il ne reste d'autres moyens, pour l'empêcher de nuire, que d'exterminer ses habitans; corsaires insolens, audacieux et féroces, souvent punis, mais jamais corrigés,

---

(1) Dernièrement, le Pape fut obligé d'avoir recours à l'autorité du roi de France pour obtenir la restitution de plusieurs bâtimens marchands appartenant à des sujets romains, pris par les corsaires d'Alger.

ils ne cesseront leur infâme métier que lorsqu'ils cesseront d'exister.

DES FORCES DE TERRE ET DE MER DU DEY D'ALGER.

D'après le dernier rapport du capitaine de vaisseau Collet, commandant le blocus des ports du royaume d'Alger, l'escadre algérienne se composait d'une frégate de 44 canons, d'une corvette de 40, de deux polacres de 22, de deux petits bricks de 14 et de trois goëlettes de 12. Ces onze bâtimens étaient montés par 3,260 hommes, et armés de 192 canons.

Je suppose que, du côté d'Oran, au cap de Tenez et dans les ports de Tedlez, Bonne, etc., il y ait quelques autres bâtimens armés qui s'y trouvent bloqués, c'est donc avec cette flottille que le dey d'Alger prétend braver et insulter le pavillon français, qu'il met nos frégates et nos canons à prix, qu'il veut faire la guerre à la France, et qu'il défie nos troupes de terre.

Le Dey sait que le premier mobile chez les pirates, c'est l'argent; mais pour s'emparer de nos vaisseaux et de notre artillerie, des paroles ne suffisent pas, il faut combattre nos marins, et cela n'est pas aussi facile que de voler et piller des bâtimens marchands.

Les officiers de marine qui connaissent la côte, le port et la ville d'Alger, sont très-convaincus que, quand le roi voudra en donner l'ordre à ses escadres, les vaisseaux algériens seront brûlés ou coulés bas, le port comblé et la ville détruite.

Cette première opération fera des amis, dont le Dey se vante, autant d'ennemis; il devrait savoir que dans un gouvernement aussi tyrannique que le sien, il existe un grand nombre de mécontens, même parmi ses proches et ses conseillers.

Le Dey ne manquera pas, ainsi que ses prédécesseurs l'ont fait tant de fois, d'envoyer demander pardon dès qu'il se verra bombardé; mais que l'on se garde bien de le lui accorder, ce serait à recommencer un an après : il ne faut point de miséricorde, mais qu'une attaque combinée par terre et par mer détruise pour jamais cet antre de barbares. Examinons maintenant quelles sont les troupes de terre qu'il peut opposer à nos soldats.

DES TROUPES DE TERRE DU DEY D'ALGER.

Elles se composent des troupes ou milices du gouvernement, et des troupes auxiliaires.

Les premières sont formées d'anciens cadres de janissaires et recrutées parmi les hommes du pays et les renégats. Les officiers se rappellent qu'autrefois ils avaient une grande autorité ; que seuls ils pouvaient être membres de la régence ; mais le Dey s'est emparé de tout gouvernement ; et certes, s'il était malheureux, ce corps ne lui serait pas fidèle, ayant une si forte cause de jalousie et d'inimitié contre lui.

Depuis quelque temps le Dey a formé des corps composés de naturels, de maures et d'esclaves venus de la Nigritie. Ces troupes irrégulières n'ont pas la moindre idée de nos manœuvres ; à peine savent-elles charger leurs armes, encore très-lentement ; leurs fusils sont de différens calibres, ce qui doit amener de la confusion dans les feux ; d'ailleurs elles n'ont jamais fait la guerre. On peut compter à peu près 18,000 hommes de ces troupes tant à Alger que dans les autres ports et garnisons.

Les troupes auxiliaires se composent d'Arabes des tribus de Medua, de Mésila et de Constantine, sur lesquels il a fondé de grandes espérances. Il attend également des renforts de la Nigritie et du royaume de Tafilet, situés au-delà du Mont-Atlas et dépendant du roi de Maroc. Je rappelerai à leur égard ce que j'ai dit plus haut, que tous les Arabes de l'Afrique ont les mêmes mœurs et les mêmes coutumes ; ils se battent pour de l'argent ; ils pillent les vaincus, musulmans ou chrétiens. Ainsi, s'ils sont bien payés ils se présenteront devant nos carrés ; ils pousseront des hurlemens affreux ; mais à la première décharge de l'artillerie, ils feront ce qu'ils ont fait sous Barberousse, ils fuiront et ne reparaîtront plus ; peut-être même pilleront-ils les Algériens. Si les Français veulent mettre à prix la tête du Dey, comme il a mis à prix nos frégates, on verra ses amis la rapporter !

Si la guerre qu'on veut faire au Dey est poussée avec vigueur, il court la chance, à peu près certaine, de voir sa flotte brûlée ou coulée bas, sa capitale détruite, ses troupes battues et dispersées, et lui-même peut-être tué, fait prisonnier ou chassé de ses Etats De notre côté, nous ne pouvons qu'y gagner en assurant la tranquillité du commerce, et que trouver une indemnité même avantageuse en nous emparant des trésors du Dey, et des armes et munitions que renferment ses arsenaux.

EXPÉDITION DE L'ARMÉE FRANÇAISE AU ROYAUME D'ALGER.

Quoique la conquête d'Alger soit facile pour des généraux aussi braves et aussi habiles que sont ceux des Français, cette expédition exige une prompte exécution et beaucoup de prudence. Ce n'est pas une guerre d'invasion, qu'on doive faire à la course, et sur tous les points du royaume d'Alger. Ici la bravoure et l'impétuosité du soldat français doivent être contenues. Il convient de débarquer sur deux points autant rapprochés que possible, et de s'y retrancher en attendant que les divisions soient réunies ainsi que l'artillerie. Pour marcher en avant, il est essentiel de disposer les troupes de manière à pouvoir former le carré en un instant; les faces du carré devront être de six hommes de hauteur. On tâcherait d'attirer l'ennemi à soi afin de lui livrer bataille en plaine à quelques journées de sa capitale, en choisissant une position favorable, et pour l'ordre de bataille la formation par carrés. Si l'on marchait à sa rencontre, il faudrait faire halte aussitôt qu'on l'apercevrait, afin de bien disposer les troupes. Dans tous les engagemens, on aurait soin de ne faire tirer qu'à demi-portée de canon à mitraille (deux cents pas au plus), et de faire faire continuellement un feu de file bien nourri. Aussitôt la première bataille gagnée, il faudrait, sans perdre de temps, marcher sur la capitale, l'attaquer vigoureusement, et profiter de la terreur inspirée par le premier succès pour s'en emparer. Trois carrés de cinq mille hommes, avec dix pièces de canon chacun, et quelques pelotons de réserve dans l'intérieur pour se porter, en cas de besoin, sur les points les plus faibles du carré, peuvent battre 100,000 barbares. 22,000 hommes d'infanterie, 1,000 d'artillerie, soixante pièces de campagne, et 1,200 hommes de cavalerie à pied que l'on remonterait sur les lieux, formeraient donc une armée suffisante.

On doit prévenir les soldats qu'il n'y a point d'auberge dans le pays; qu'il ne faut pas en Afrique, s'écarter isolément du gros de la troupe à plus de soixante pas; qu'il faut rester toujours armé, ne point insulter les femmes, ne jamais entrer dans l'intérieur des mosquées ni dans les maisons des musulmans;

ne jamais s'arrêter dans les villages, et respecter les cérémonies religieuses.

Les vivres seront apportés devant le camp lorsque les villes ou villages devront les fournir; c'est pour avoir négligé ces précautions que nous avons eu beaucoup de monde assassiné.

On ne doit jamais bivouaquer dans les villages, à moins que ce soit pour s'y retrancher; alors il faut en faire sortir les habitans. Tous les employés des administrations devront être armés d'une carabine ou d'un fusil, avoir des cartouches et des munitions, un sabre ou une forte épée.

Le Dey, pour soulever les habitans contre les Français, ne manquera pas de les représenter comme une poignée d'aventuriers, d'infidèles, de traîtres qui viennent renverser la religion de Mahomet, détruire les mosquées, enlever les femmes et les propriétés des musulmans. Il est donc indispensable de répandre des proclamations aussitôt qu'on sera débarqué. Elles porteraient en substance, « que nous reconnaissons un seul Dieu miséricordieux, et que nous respectons Mahomet son prophète ; que nous ne venons pas faire la guerre aux habitans, mais au Dey, pour nous venger d'insultes personnelles; que la vie, les propriétés, les femmes, et la religion seront respectées; que ceux qui prendraient les armes contre les Français seront punis de mort; et que chacun peut vaquer à ses affaires comme de coutume. Ces proclamations devront être écrites en langue franque, qui est connue du peuple et des marchands.

Les Africains sont fanatiques et cruels quand ils sont les plus forts; on se sert quelquefois de leur religion pour les porter à la révolte : en voici un exemple.

L'ANGE EL-MAHDHY DESCENDU DANS LE DÉSERT.

Au mois d'avril 1798, une révolte d'un genre nouveau éclata contre les Français en Egypte. Un homme venu du fond de l'Arabie, arriva près de Damanhour, réunit des Arabes, et se dit l'ange El-Mahdhy annoncé par l'Alcoran. 200 Maugrabins arrivèrent quelques jours après comme par hasard, et vinrent se ranger sous ses ordres. Comme l'ange El-Mahdhy doit descendre du ciel, cet imposteur prétendit en être descendu au milieu du désert, sans témoins. Cependant l'ange doit être pauvre, et l'imposteur avait beaucoup d'or. Ce prétendu El-Mahdhy, suivi des hommes qu'il avait séduits, se porte sur Damanhour, y surprend soixante hommes de la légion nautique, et les égorge. Encouragé par ce succès, il exalte l'imagination de ses disciples; il promet de jeter de la poussière sur les canons de fusil des Français, d'empêcher la poudre de prendre, et de faire tomber les balles aux pieds des vrais croyans.

Le colonel Lefebvre partit de Rhamanieh avec quatre cents hommes et deux pièces de canon; et, voyant à chaque moment grossir les partisans de l'ange El-Mahdhy, il forma sa troupe en carré, en plaçant les canons aux angles. L'attaque commença aussitôt, et la journée fut employée à tuer ces insensés qui se précipitaient sur les canons. A la nuit, ces fanatiques comptant plus de 1,000 morts et un grand nombre de blessés, comprirent alors qu'ils étaient abusés. Le lendemain, Lefebvre marcha sur Damanhour, passa 1,500 hommes au fil de l'épée, réduisit la ville en cendres, poursuivit et mit en fuite les disciples du saint El-Mahdhy, qui lui-même, grièvement blessé, ne trouva de salut que dans une prompte fuite. Depuis cette époque, on ne vit plus d'ange El-Mahdhy. Ainsi, 400 français bien commandés, attaqués par 10 à 12,000 musulmans, en tuèrent 2,500 et dispersèrent le reste.

Le dey d'Alger se servira peut-être aussi de la religion pour fanatiser quelques peuplades de la Nigritie et du royaume de Tafilet. Mais il faut qu'elles traversent un désert de 150 à 200 lieues. Elles n'ont d'hommes à pied que les fellahs; quant aux arabes à cheval, il faut des vivres et de grands moyens, et les trois quarts sont sans armes. S'ils partent 100,000 de leurs tribus, ils n'arriveront que 12,000, encore les uns après les autres, de manière que si l'on marche contre les premiers arrivés, dix coups de mitraille les mettront en fuite, et la plus grande partie de la bande retournera dans ses foyers avant d'avoir passé le mont Atlas. Les révoltes ne seraient à craindre que dans le cas où l'on aurait l'imprudence de placer de petits détachemens dans les provinces éloignées de la capitale ou du gros de l'armée, et qu'on ne pourrait pas secourir au besoin; car alors les révoltés tombent à l'improviste sur ces postes et les égorgent.

Dans la haute Egypte, Mourad-Bey a employé ce moyen contre la faible mais intrépide division Desaix. Il a fait venir des secours des tribus et provinces étrangères ; 1,000 chérifs sont accourus des pays de Yambo et de Jedda, ainsi que des provinces de Minée, Benesouef et d'Hoara ; son armée s'était encore grossie de Nubiens et de Maugrabins, les uns à pied, les autres à cheval. Desaix ordonna au général Davoust de marcher contre eux à la tête de 600 hommes de cavalerie. Celui-ci les atteignit au village l'Atha, il se précipita sur eux et les tailla en pièces ; 1,000 hommes restèrent sur le champ de bataille ; le reste prit la fuite.

J'étais alors, sous les ordres du général Davoust, capitaine au 15ᵉ régiment de dragons, et sur un autre point. Une armée considérable de Syriens et de Samaritains s'était réunie sur l'invitation de Djezzar, pacha d'Acre, entre les montagnes de Naplause, le Jourdain et le pont Jacoob. 4,000 français attaqués dans une plaine et cernés par 30,000 hommes de cavalerie, et 10,000 d'infanterie, en tuèrent 5,000 ; et le reste se retira en désordre sur Damas, abandonnant leur camp et leurs magasins. Ces moyens de soulèvemens et de révoltes n'ont pas réussi au grand-visir, à Djezzar et à Mourad-Bey (1), qui étaient de très-braves et de

---

(1) Ce brave militaire a fini par prendre du service dans nos armées ; il est venu, en 1800, faire la paix avec le gé-

très-habiles militaires, qui commandaient des troupes bien armées et qu'aidaient des généraux turcs et européens. Je doute que le chef des corsaires d'Alger soit plus heureux, et surtout plus habile. Il est lui-même un usurpateur, et un misérable révolté contre la Porte ottomane; il s'est emparé de l'autorité du pacha et de la régence. Ce Dey gouverne tyranniquement le plus beau pays de l'Afrique et le mieux situé.

L'air y est tempéré; les terres cultivées sont très-fertiles en blé; on y élève d'excellens chevaux, des bestiaux; on y fait un très-grand commerce d'indigo, de plumes d'autruche, d'or en poudre, de cuir, d'étain, de corail, etc.; le coton, le sucre et le café pourraient y croître comme aux Antilles; il ne faudrait, à la tête du gouvernement, qu'un homme instruit, ami des arts, de l'agriculture et du commerce, pour faire de ce pays, le dépôt général du commerce de toute l'Afrique et des marchandises des Indes. Alger est à deux pas de l'Espagne, de la France et de l'Italie, et surtout vis-à-vis la Corse et nos ports de Toulon et de Marseille.

---

néral en chef Kléber, qui le nomma prince, gouverneur dans la haute Egypte, pour le compte de la France.

Venger l'insulte faite au consul du roi, anéantir pour toujours la traite des blancs, l'esclavage des chrétiens, en assurant la liberté des mers et du commerce, sont les résultats de cette expédition, et le but qu'a eu l'auteur de ce mémoire.

DIVISION DE L'ÉGYPTE.

Mourad-Bey (1), prince, gouverneur du Saïd pour la république française.

Le reste de l'Egypte est divisé en huit arrondissemens :

Le premier est composé des provinces de Syouth et de Minyeh, et commandé par le général de brigade Donzelot;

Le deuxième, des provinces de Bény-Ssouef et du Fayoum, commandé par le général de division Damas.

Le troisième, des provinces du Caire, d'Attfiéhhly et de Gizeh, commandé par le général de division Belliard.

Le quatrième, des provinces de Charqyeh

---

(1) C'était lui qui commandait la force armée lorsque les Français sont entrés en Egypte.

et du Qélyoubeh, commandé par le général de division Reynier;

Le cinquième, des provinces de Bahhyreh, Rosette et Alexandrie, commandé par le général de division Friant;

Le sixième, des provinces de Damiette et Manssourah, commandé par le général de division Rampon;

Le septième, de la province de Garbyeh, commandé par le général de brigade Fugières.

Le huitième, de la province de Menoufieh, commandé par le général de division Verdier.

ARMÉE D'ORIENT. — ÉTAT MILITAIRE.

Officiers généraux.

Général en chef, M. MENOU.
Général de brigade, chef de l'état-major général, M. LAGRANGE.
Adjudant-général, sous-chef de l'état-major général, M. RÉNÉ.

Généraux de division.

MM. REYNIER.	MM. LANUSSE.
DAMAS.	VERDIER.
FRIANT.	BELLIARD.
RAMPON.	LECLERC.

5*

Généraux de brigade.

MM. GALBAUD.
VIAL.
ZAYONCHEK.
FUGIÈRE.
ROIZE.
DELEGORGUE.
BAUDOT.
VALENTIN.
DURANTEAU.

MM. DESTAING.
RODIN.
DONZELOT.
ALMÉRAS.
MAUGRAS.
SYLLY.
BRON.
BOUSSART.

Adjudans généraux.

MM. GILLY-VIEUX.
JULLIEN.
DEVAUX.
BOYER.
SORNET.
MARTINET.

MM. MORAND.
GASQUET.
MAC-SHEEHY.
DUCHAUME.
LAFON-BLANIAC.
TARAYRE.

Aides de camp du général en chef.

MM. Netherwood, chef de brigade.
Novel, chef de bataillon.
Henry, capitaine.

MM. Dauray, capitaine.
Alpheran, *idem*.
Paultre, *idem*.
Devouges, lieuten.

Aides de camp du général de brigade, chef de l'état-major général.

MM. Baylin, capitaine.   Bernard, lieutenant.

Aides de camp des généraux de division.

Du gén. REYNIER.
- Millet, chef d'escadron.
- Lami, *idem.*
- Simon, *idem.*
- Dubuat, lieutenant.

Du gén. DAMAS.
- Colliquet, chef d'escadron.
- Tainturier, *idem.*
- Delattre, capitaine.

Du gén. FRIANT.
- Decouz, chef de bataillon.
- Binot, chef d'escadron.
- Petit, capitaine.

Du gén. RAMPON.   Renouvier, lieutenant.

Du gén. LANUSSE.
- Lanusse, capitaine.
- Raynaud, *idem.*

Du gén. VERDIER.
- Martel, chef de bataillon.
- Argenteau, sous-lieutenant.

Du gén. BELLIART.
- Parast, chef de brigade.
- Majou, chef de bataillon.
- Rignoux, capitaine.

Du gén. LECLERC.
- Leclerc, chef d'escadron.
- Saint-Geniés, capitaine.

Aides de camp des généraux de brigade.

Du gén. GALBAUD.	Galbaud fils, sous-lieutenant.
VIAL.	Séb. Vial, chef d'escadron.
ZAYONCHECK.	Pierre , *idem*.
FUGIÈRE.	Materre, capitaine.
DESTAING.	{ Baudinot, capitaine. { Maury, lieutenant.
ROBIN.	Dubost, sous-lieutenant.
DONZELOT.	{ Joly, capitaine. { Bardoux, sous-lieutenant.
ALMÉRAS.	Curial, capitaine.
ROIZE.	Charpentier, sous-lieutenant.
DELEGORGUE.	Strauzé, capitaine.
BAUDOT.	Bourbel, *idem*.
VALENTIN.	Alliot, chef de bataillon.
DURANTEAU.	Ruffat, lieutenant.
MAUGRAS.	Girard, capitaine.
SYLLY.	Minot, *idem*.
BRON.	Chevalier, sous-lieutenant.
BOUSSARD.	. . . .

Adjoints aux adjudans généraux.

Adjudans généraux.	MM.
RÉNÉ.	Tioch, capitaine.
GILLY-VIEUX.	{ Taise, lieutenant. { Cerais, *idem*.
JULLIEN.	Germain, chef de bataillon.

Adjudans généraux.   MM.

DEVAUX.   . . . .
BOYER.   Néraud, capitaine.
SORNET.   Guillot, chef de bataillon.
MARTINET.   { Cheffontaine, capitaine.
{ Holtz, lieutenant.
MORAND.   { Martin-Lagarde, chef de bataillon.
{ Boissard, lieutenant.
GASQUET.   Tunas, sous-lieutenant.
MAC-SHELHY.   { Joubert, capitaine.
{ Graillat,   idem.
DUCHAUME.   { Saint-Léger, idem.
{ Barraud, lieutenant.
LAFON-BLANIAC.   Hebert, lieutenant
TARAYRE.   Viguier,   idem.

Adjoints à l'état-major général.

MM.   MM.
Chabert, chef de bataillon.   Guérin, capitaine.
Buscaille, *idem*.   Mareschal, sous-lieut.
Vial (Jacque), capitaine.   Pontieux,   *idem*.
Peyre,   *idem*,   Henry, vaguemestre-général, capitaine.

ARTILLERIE.

Général de division, commandant, M. SONGIS.
Général de brigade, directeur des parcs d'artillerie, M. FAULTRIER.

Chefs de brigade.

MM.

Tirlet, chef de l'état-major d'artillerie.

Faure, commandant l'artillerie de la division du général Reynier.

Dauthouard, directeur d'artillerie à Alexandrie.

Chefs de bataillon.

MM.

Ruty, commandant l'artillerie du général Rampon.

Vermot, sous-directeur de parc.

Paris, commandant le 2ᵉ bataillon du 4ᵉ régiment d'artillerie à pied.

Mangin, commandant l'artillerie de la division du général Friant.

Bert, commandant l'artillerie de la haute Egypte.

Lebrun, directeur d'artillerie à Damiette.

Bouchu, commandant l'équipage des ponts.

Flandrin, idem la place de Gizeh.

Dogureau, adjoint à l'état-major.

Daval, commandant l'artillerie au Caire.

Mongenet, idem de réserve.

Dandigné, idem de la division du général Lanusse.

Artillerie à cheval.

Hazard, chef d'escadron commandant.

Bataillon d'artillerie de marine.

Miany, chef de bataillon commandant.

Génie.

Général de brigade commandant, Sanson.

Chefs de brigade.

MM. Lazowski.　　　MM. Cazals.
　　Bertrand.　　　　　　D'Hautpoul.

Chefs de bataillon.

MM. Tousard.　　　MM. Garbé.
　　Geoffroy.　　　　　　Malus.
　　Sorbier.　　　　　　　Dodi.
　　Aymé　　　　　　　　Vinache (aîné).
　　Michaux.　　　　　　Bachelu.

Compagnies de Mineurs.

2ᵉ COMPAGNIE. { Marotine, chef de bataillon commandant.
　　　　　　　 Liedot, idem.

5ᵉ COMPAGNIE.　Roussel, chef de bataillon commandant.

Bataillon de Sapeurs.

M. Rousselet, chef de bataillon.

Aérostiers.

MM. Conté, chef de brigade.
　　Coutelle, idem.
　　Lhaumont, chef de bataillon.
　　Plazanet, capitaine commandant.

(74)

Compagnie d'ouvriers militaires.

M. Lasagne, capitaine commandant.

Compagnie d'ouvriers civils.

M. Audibrant, chef.

INGÉNIEURS CIVILS.

Travaux publics des ponts et chaussées, canaux et rivières, et ports maritimes.

MM. Lepère, ingénieur en chef, directeur.
Girard, . *idem* sous-directeur.

Ingénieurs ordinaires.

1re CLASSE.
- Faye, en résidence à Alexandrie.
- Gratien Lepere.
- Martin, à Bény-Ssouef.
- Saint-Genis, au Caire.

2e CLASSE.
- Lancret, à Rosette.
- Fevre, à Gizeh.
- Chabrol (1), au Caire.
- Jollois, à Menouf.
- Raffeneau, à Syouth.
- Arnollet, à Alexandrie.

---

(1) Actuellement comte, et préfet du département de la Seine.

(75)

MM.

2ᵉ CLASSE.
- Caristie, à Fayoum.
- Favier.
- Dubois, à Semenhoud.
- Devilliers, à Belbeys.
- Moline, à Minyeh.
- Alibert, à Damiette.

3ᵉ CLASSE.
- Duchanoy, au Caire.
- Pottier.
- Viard, élève, à Rosette.

Ingénieurs géographes.

MM. Jacotin, ingénieur en chef, directeur.
Simonel, sous-chef.

MM.

INGÉNIEURS DE 1ʳᵉ CLASSE.
- Schouani, chef d'escadron.
- Lathuille, *idem.*
- L'Evesque, détaché près le général en chef.

DE 2ᵉ CLASSE.
- Jomard.
- Corabœuf.
- Bertre.
- Lecesne.

DE 3ᵉ CLASSE. Faurie.

CORPS DE TROUPES.

Infanterie légère.

MM.

2ᵉ DEMI-BRIGADE.
- Schramm, chef de brigade.
- Geither, chef de bataillon.
- Marmont, *idem.*
- Lacoste, *idem.*

4ᵉ DEMI-BRIGADE.
- Delzons, chef de brigade.
- Lacroix, chef de bataillon.
- Stillaire, *idem.*
- Ducouret, *idem.*

21ᵉ DEMI-BRIGADE.
- Heppler, chef de brigade.
- Hausser, chef de bataillon.
- Valette, *idem.*
- Gressin, *idem.*
- Demarest, *idem.*

22ᵉ DEMI-BRIGADE.
- Goguet, chef de brigade.
- Dettel, chef de bataillon.
- Baume, *idem.*
- Pochet, *idem.*

Infanterie de bataille.

MM.

9ᵉ DEMI-BRIGADE.
- Pepin, chef de brigade.
- Langlois, *idem.*
- Grandjean, chef de bataillon.
- Valdemann, *idem.*
- Réal, *idem.*

MM.

13ᵉ DEMI-BRIGADE.
- Froment, chef de brigade.
- Lamorandière, chef de bataillon.
- Marin, *idem*.
- Renard, *idem*.

18ᵉ DEMI-BRIGADE.
- Morangié, chef de brigade.
- Cassagne, chef de bataillon.
- Gallay, *idem*.
- Nicolas, *idem*.

25ᵉ DEMI-BRIGADE.
- Lefebvre, chef de brigade.
- Weikelle, chef de bataillon.
- Basancourt, *idem*, commandant à Rosette.
- Duhamel, *idem*.
- Saint-Fost, *idem*, commandant à Rosette.
- Delonge, *idem*, commandant une section du Caire.

32ᵉ DEMI-BRIGADE.
- Darmagnac, chef de brigade.
- Athanoux, chef de bataillon.
- Laplane, *idem*.
- Soulier, *idem*.
- Girard, *idem*, commandant au vieux Caire.

61ᵉ DEMI-BRIGADE.
- Dorsenne, chef de brigade.
- Richard, chef de bataillon.
- Senneville, *idem*.
- Vilain, *idem*.

MM.

69ᵉ DEMI-BRIGADE.
- Brun, chef de brigade.
- Dupas, *idem*, commandant la citadelle.
- Vincent, *idem*, commandant une section du Caire.
- Poly, chef de bataillon.
- Bailly, *idem*.
- Magne, *idem*.

75ᵉ DEMI-BRIGADE.
- L'Huillier, chef de brigade.
- Camut, chef de bataillon.
- Gruardet, *idem*.
- Daricot, *idem*.
- Lagardère, *idem*, commandant à Damiette.
- Lamarque, *idem*, commandant une section du Caire.

85ᵉ DEMI-BRIGADE.
- Vialla, chef de brigade.
- Capellini, chef de bataillon.
- Segueneau, *idem*, commandant une section du Caire.
- Higonet, chef de bataillon.
- Chancé, *idem*.

88ᵉ DEMI-BRIGADE.
- Curial, chef de brigade.
- Raviers, chef de bataillon.
- Piat, *idem*.
- Blanc, *idem*.

CAVALERIE.

Hussards.

MM.

7ᵉ RÉGIMENT.
- Détrés, chef de brigade.
- Le Cairé, chef d'escadron.
- Curto, *idem*.

Chasseurs.

MM.

22ᵉ RÉGIMENT.
- Latour-Maubourg, chef de brigade.
- Luquez, chef d'escadron.
- Denis Reffroignet, *idem*.

Dragons.

MM.

3ᵉ RÉGIMENT.
- Fiteau, chef de brigade.
- Singlant, chef d'escadron.
- Ravier, *idem*.

14ᵉ RÉGIMENT.
- Lambert, chef de brigade.
- Villemet, *idem*.
- Roussel, chef d'escadron.
- Jolivet, *idem*, commandant la place de Boulac.
- Dermoncourt, chef d'escadr.

15ᵉ RÉGIMENT.
- Barthélemy, chef de brigade.
- Richeter, chef d'escadron.
- Sénégal, *idem*.

MM.

18ᵉ RÉGIMENT.
{ Ledée, chef de brigade.
Guyon, chef de bataillon.
Leclerc, *idem*.

20ᵉ RÉGIMENT.
{ Raynaud, chef de brigade.
Boussart, chef de bataillon.
Sebille, *idem*.

Guides.

MM.
Deriot, chef de brigade.
Meunier, chef d'escadron.

Dromadaires.

Cavalier, chef de brigade.
Farinieres, chef d'escadron.
Brun,   *idem*.

TROUPES AUXILIAIRES.

INFANTERIE.

Légion grecque.

MM.
Nicole-Papas-Oglou, chef de brigade.
Joanni-Roza, chef de bataillon.

Légion copte.

Maa'llem-Ya'Qoub, chef de brigade, commandant en chef.
Gabriel, chef de brigade.
Haraqli, chef de bataillon.
A'bd-Allah, *idem*.

Cavalerie.

MM.

Bartholoméo-Sera, chef de brigade commandant les mameloucks.

Ya'Qôub Habaïby, chef d'escadron commandant la première compagnie de Syriens.

Yousef-Hamaôuy, chef d'escadron commandant la deuxième.

ÉTAT-MAJOR DE LA PLACE ET ARRONDISSEMENT DU CAIRE.

MM.

BELLIARD, général de division commandant la place du Caire et arrondissement.

RIGNOUX, capitaine-adjoint.

GALEAUD, général de brigade commandant les 1re, 2e, 3e et 4e sections.

DURANTEAU, général de brigade commandant les 5e, 6e, 7e, et 8e sections.

DUCHAUME, adjudant-général, chef de l'état-major de la place, chargé du détail.

SIBRAC, capitaine-adjoint.

JOUSSAUT, officier major.   TABARY, *idem.*

DUPART, *idem.*   SALABERT, *idem.*

Commandans de section.

SECTIONS.	MM.
Première.	Delonge, chef de bataillon.
Seconde.	Sauvet, capitaine.

SECTIONS.	MM.
Troisième.	Segueneau, chef de bataillon.
Quatrième.	{ Murat, capitaine. { Dejean, sous-lieuten. adjoint.
Cinquième.	Collet, capitaine.
Sixième.	Lamarque, chef de bataillon.
Septième.	Lacère, capitaine.
Huitième.	{ Gouttenoire, capitaine. { Neflié, lieutenant adjoint.

Place de Boulaq.

MM.

Jolivet, chef d'escadron commandant.
Bayet, sous-lieutenant aide-major.
Rainaud, *idem .. idem.*

Place du vieux Caire.

MM.

Girard, chef de bataillon commandant.
Miou, sous-lieutenant aide-major.

Place de Gizeh.

MM.

Flandrin, chef de bataillon d'artillerie commandant.
Santou, officier major.

Commandant des forts.

	MM.
Fort Détroy.	{ Rest, capitaine. { Garin, lieutenant aide-major.
— Lequoy.	Rival, capitaine.

MM.

Fort Hugues.	Tricher, lieutenant.
— Citadelle.	Dupas, chef de brigade commandant.
	Guillaudin, officier major.
— Dupuis.	Raffielly, capitaine.
— Godar.	Paris, sous-lieutenant.
— Grézieux.	Bouvet, capitaine.
— Venoux.	Blanc, lieutenant.
— Sulkouski.	Deleage, capitaine.
— Camin.	Davy, lieutenant.
— Conroux.	Baptiste, sous-lieutenant.
— Donzelot.	Prat, capitaine.
— Spizer.	Combes, capitaine.
— Bon.	Rizzi, lieutenant.
— Mireur.	. . . . , ...

MARINE.

Préfet maritime,   M. Leroy.

Etat-major des ports.

MM.

Guyen, capitaine de vaisseau, chef militaire et des mouvemens.

Long,   *idem*,   commandant *le Dubois*.

Capitaines de frégates.

MM.

Tempié, commandant la corvette *Le Bon*.

Rouvier, commandant la marine sur le Nil, chef d'état-major particulier de Boulac.

MM.

Duménil, chef d'état-major particulier de Rosette.
Rouden (Blaise) *idem* de Damiette.
Ruault, commandant la frégate *le Léoben*.
Daumas, capitaine de port du commerce à Alexandrie.

Officiers du génie maritime.

MM.

Feraud, ingénieur ordinaire, faisant fonctions de chef du génie maritime.
Chaumont, sous-ingénieur à Alexandrie.
Boucher, sous-ingénieur pour le deuxième arrondissement, à Boulaq.

ADMINISTRATION.

M. Maillot, commissaire principal, chef d'administration.

Sous-commissaires.

MM.

Thomas, chargé du second arrondissement à Boulaq.
Grand, chargé du détail des armemens à Alexandrie.
Abraham, chargé du détail des approvisionnemens à Alexandrie.

Commis principaux, chefs de détail.

MM.

Meyronnet, chargé du détail des fonds et revues à Alexandrie.
Chausset, chargé du quartier de Rosette.

MM.
Langlois, chargé du quartier de Damiette.
Riquier, *idem* de Boulaq.
Ronden (Barthélemi), agent de l'administration pour le quartier de Minyeh.

Contrôle.

MM.
Fabregue, le cadet, sous-contrôleur à Alexandrie.
Rolland, commis principal à Boulaq.

TROUPES.

1re *compagnie d'artillerie.*

MM.
Revol, capitaine.
. . . . , lieutenant en premier.
Michel, lieutenant en second.

4e *compagnie d'ouvriers d'artillerie.*

MM.
. . . . , capitaine en premier.
Juqueau, capitaine en second.
Lamare, lieutenant en premier.
Ræder, lieutenant en second.

Gendarmerie nationale maritime.

M. Barrand, lieutenant.

OFFICIERS DE SANTÉ.

Chirurgien entretenu de 1re classe.

M. Villard, chargé en chef du service de santé de la marine en Égypte.

Chirurgiens entretenus de 2e classe.

Bondoumet; Cavalier; Mangin.

Chirurgien auxiliaire de 1re classe.

M. Desplan.

Chirurgiens auxiliaires de 2e classe.

MM. Dussap.	MM. Pioupe.
Laugier.	Ferrat.
Garçon.	Lemoine.
Aliens.	Mayol.
Fichet.	Niel.

Chirurgiens auxiliaires de 3e classe.

MM. Venissat.	MM. Touache.
Aubert.	Cassagnarde.
Bidon.	Lichtelet.
Espanet.	Speranza (Salvator).
Clinchard (Louis).	Speranza (Joseph).
Clinchard (Jean).	Pernelly.

Pharmaciens.

MM.

Ritz, de première classe, chargé en chef du service de la pharmacie maritime.

MM.
Niel, de deuxième classe.
Chedeau, de troisième classe.
Verlaque,   idem.

Poudres et salpêtres.

MM.
Champy père, administrateur.
Champy fils, commissaire.
Lebrun, chef de la poudrerie à Raouddah.

Administration militaire.

MM.
Daure, inspecteur général aux revues.
Sartelon, commissaire ordonnateur en chef.

Commissaires ordonnateurs.

M. Laigle.   M. Raymondon.

Commissaires des guerres.

MM.	MM.	MM.
Duprat,	Colbert (Alph.)	Lepère.
Regnier.	Legois.	Capus.
Pinet.	Duval.	Robineau.
Tranchant.	Colbert (Ed.)	Dériard.
Dagiout.	Sapia.	Tardieu.

Commissaires adjoints.

MM. Agard.   MM. Mony.
     Ludières.   Maupetit.

Officiers de Santé.

Médecins.

M. Desgenettes, médecin en chef.

Médecins ordinaires.

MM.	MM.	MM.
Balme.	Frank.	Salze.
Barbes.	Garos.	Savaresi.
Carrié.	Gisleny.	Sotira.
Claris.	Pughet.	Vautifr.
Emeric.	Renati.	

Chirurgiens.

M. Larrey, chirurgien en chef.

Chirurgiens de première classe.

MM.	MM.	MM.
Casabianca.	Rozel.	Valet.
Mauban.	Boucquin.	Guiller.
Millioz.	Villepreux.	Votau.
Boussenard.	Galland.	

De deuxième classe.

MM.	MM.	MM.
Leclerc.	Lachome.	Giraud.
Reynaud.	Zinck.	Doueil.
Château-Neuf.	Cellieres.	André.
Latile.	Gassier.	Bernard.

MM.	MM.	MM.
Laugier.	Bernier.	Sauri.
Massé.	Bertrand.	Sarrauthes.
Cabart.	Desplace.	Esquiron.
Bruc.		

De troisième classe.

MM.	MM.	MM.
Vergé.	Lamarre.	Mainville.
Roux.	Pistre.	Pla.
Tiercelin.	Teillard.	Démay.
Guiraud.	Pitiot.	Arnould.
Bacquier.	Latreille.	Morange.

Pharmaciens.

M. Boudet, pharmacien en chef.

Pharmaciens de première classe.

MM.	MM.	MM.
Desir (1).	Pouble.	Galonié.
Lemaire.	Flamand.	Rouyer.
Crouzet.	Gachon.	Noël.

---

(1) M. Desir, le plus ancien des pharmaciens de première classe de l'armée d'Orient, actuellement établi à Paris, rue Saint-Antoine, n° 166. Cet homme estimable qui jouit d'une réputation justement méritée dans sa profession, a droit encore à la considération générale par les services qu'il ne cesse de rendre aux ouvriers et aux pauvres de son arrondissement.

Pharmaciens de deuxième classe.

MM.
Berthau.
Davoine.
Royer.
Dauby.
Niel.

MM.
Tournel.
Trinquier.
Plane.
Bonino.

MM.
Ebert.
Hugues.
Coulomb.
Borelly.

De troisième classe.

MM.
Rozier.
Eustache.
Bérenger.
Grillo.
Boyer.
Verlaque.

MM.
Chedeau.
Moncharmont.
Dourdilly.
Desgranges.
Guignet.
Dupuis.

MM.
Castellas.
Gas.
Mauri.
Daran.
Bary.
Martin.

Administration des hôpitaux militaires.

MM.
Gaston, agent en chef.
Menestrier, agent divisionnaire.
Gubert, *idem* dans la haute Egypte.
Pontés, *idem* à Alexandrie.
Lafaille, directeur des comptes.
Auger, garde-magasin général.

Administration des subsistances militaires.

MM.
Laselve, directeur des comptes, et chef du service.
Pichard, chef de correspondance.

MM.
Lacroix, inspecteur.
Desmarquest, *idem.*
Castelan, *idem.*

Administration du parc des transports.
MM.
Deville, entrepreneur.
Martin, *idem.*
Viet, chef de division.

Administration des postes.
MM.
Guérin, directeur général.
Pirolet, contrôleur.
Villardeau, inspecteur.

Administration sanitaire.
MM.
Guirard, conservateur de première classe, chargé du service à Boulaq.
Martin, conservateur de 3ᵉ classe, à Boulaq.
Bertrand, *idem* de 2ᵉ classe, à Alexandrie.
Rouden, *idem* de 3ᵉ classe, à Lesbeh.
Autrand, *idem* *idem*, à Rosette.
Ferrier, *idem* *idem*, à Boulaq.
Soleilles, *idem* *idem*, au Caire.

Commission de salubrité.
MM.
Samson, général de brigade.
Daure, inpecteur général aux revues.
Le Roy, préfet maritime.

MM.

Desgenettes, médecin en chef.
Larrey, chirurgien en chef.
Boudet, pharmacien en chef.
Zink, secrétaire de la commission.

Administration générale des finances et du trésor public.

MM.

Estève, directeur général et comptable des revenus publics de l'Egypte.
Peyrusse, secrétaire de la direction générale des revenus publics.
Rancé, receveur principal.
Felician, payeur principal.

FINANCES.

Revenus en nature et mobilier national.

M. Reynier, directeur.

Domaines nationaux.

M. Chalaneilles, directeur.

Droit sur les cheikhs el-Beled.

M. Brison, directeur.
Le cheyk Soleyman-el-Fayoumy, *idem.*

Direction des droits affermés.

M. Lascaris, directeur.

Direction des droits de l'enregistrement.

M. Derancé, directeur.

Direction des droits sur les corporations.

M. Dallonville, directeur.

Monnaie du Caire.

M. Bernard, directeur.
M. Corrancé, contrôleur.

Contrôleurs.

MM.

Doumerc, contrôleur du 1er arrondiss., à Syouth.
Chasseriaux, idem 2e idem, à Beny-Ssouef.
Melan, idem 2e idem, au Caire.
Lemaitre, idem 4e idem, à Belbeys.
Piron, idem 5e idem, à Alexandrie.
Pellicot, idem 6e idem, à Damiette.
Lefeuvre (Arnoldy), id. 7e idem, à Semenhoud.
Vidan, idem 8e idem, à Menouf.

Douanes.

MM.

Bouvier, directeur de la douane d'Alexandrie.
Beauregard, idem de Rosette.
Pina, idem de Damiette.
Duquesnoy, idem de Soués.
Durant, idem du Caire (Bab-el-Nasr).
Lapanouse, idem de Syouth.

Droits de marque sur les ouvrages d'orfèvrerie.
MM.

Regnault, essayeur général, contrôleur au Caire.
Hassenfratz, contrôleur à Syouth.
Saint-Chaman, *idem*, à Damiette.
Dussaut, *idem*, à Rosette.
Brunet, *idem*, à Alexandrie.

Trésor public.

Receveurs payeurs.
MM.

Bonthoux, payeur de la marine au Caire.
Petrucci, receveur payeur du 1er arrondissement à Syouth.
Armand, *idem* du 2e *idem*, à Alexandrie.
Duclaux, payeur } du 3e *idem*, au Caire.
Weppert, receveur }
Rouge, receveur payeur du 4e *idem*, à Belbeys.
Sabatier, *idem* du 5e *idem*, à Alexandrie.
Vassal, *idem* du 6e *idem*, à Damiette.
Bastide, *idem* du 7e *idem*, à Semenhoud.
Paul (Auguste), *idem* du 8e *idem*, à Menouf.

Conseil privé d'Égypte.

Conseillers nés créés par l'ordre du jour du 15 fructidor an VIII.

Tous les généraux de division et de brigade attachés à l'armée, quand ils seront au Caire.

MM.

Les deux plus anciens adjudans généraux en activité, qui se trouvent au Caire.

Les deux plus anciens chefs de brigade d'infanterie, *id.*

    idem,   *idem*,   *idem*,   de cavalerie, *idem.*

Le plus ancien chef de brigade du génie, *idem.*

    idem,   *idem*,   de l'artillerie, *idem.*

L'ordonnateur en chef de l'armée.

L'ordonnateur de la marine.

Le directeur général et comptable des revenus publics.

Le chef d'état-major de la marine, commandant à Boulaq.

Les commissaires ordonnateurs de l'armée, qui se trouveront au Caire.

Le médecin, chirurgien et pharmacien en chef de l'armée.

Conseillers amovibles nommés par l'ordre du jour du 17 fructidor an VIII.

MM.

Fourier, secrétaire perpétuel de l'Institut.

Lepère, directeur général des ponts et chaussées, membre de l'Institut.

Conté, chef de brigade des aérostiers, membre de l'Institut.

Champy, directeur général des poudres et salpêtres, membre de l'Institut.

Costaz, membre de l'Institut.

Jacotin, directeur des ingénieurs géographes, membre de l'Institut.

MM.

Thévenin, négociant.
Reynier, frère du général de ce nom.
Regnier, commissaire des guerres.
Girard, ingénieur en chef des ponts et chaussées, membre de l'Institut.
Chalaneilles, directeur des domaines nationaux.

Divan de l'Égypte.

Membres résidans du Divan.

Le Cheyk Abdallah-el-Cherquaouy.
   Soleyman-el-Fayoumy.
   Mohammet-el-Emyr.
   Moustapha-el-Saouy.
   Mohhammed-el-Mohdy.
   A'bd-er Râhhmân-el-Gabarty.
   Seyd-aly-el-Rachidy (de Rosette).
   Khalyl-el-Bekry.
   Moussa Sirsy.

M. Fourrier, commissaire français près le divan.
Le Cheyk Ismaïl-el-Zurkany, homme de loi.
 idem Ismaïl-el-Khachab, rédacteur des annales.
Don Raphaël, premier interprète.

Administration générale de la justice.

Tous les tribunaux de l'Egypte rendent la justice au nom du gouvernement français.
Le commissaire près le divan de l'Egypte est le chef de cette administration.
M. Pourrière, secrétaire de l'administration.

Imprimerie nationale.

J.-J. Marcel, directeur.
Puntis, prote.
Galland, correcteur d'épreuves.
Bauduin, sous-prote.

INSTITUT.

L'Institut d'Égypte est divisé en quatre sections, qui sont : celles des mathématiques, de physique, d'économie politique, de littérature et beaux-arts.

MEMBRES DE L'INSTITUT.

Mathématiques.

MM. *Andréossy. MM. Lepère.
 *Bonaparte.   Leroy.
 Costaz.   Malus.
 Fourier, secrét.
  perpét. de l'Inst. *Monge.
 Girard.   Nouet.
 Lancret.   *Quesnot.

Physique.

MM. *Beauchamp. MM. Desgenettes.
 *Berthollet.   *Dolomieu.
 Boudet.   *Dubois, père.
 Champy, père. Geoffroy.
 Conté.   Larrey.
 Delisle.   Savigny.
 Descotils.

7

Economie politique.

MM. Corancey.
*Dugua.
Fauvelet-Bourrienne.
Jacotin.

MM. *Poussielgue.
Reynier.
Tallien.

Littérature et Arts.

MM. *Denon.
Dutertre.
Lepere.
*Norry.
*Parseval.
Protain.

MM. *Don Raphaël.
Redouté.
Rigo.
Rigel.
*Ripaut.

Les noms des membres absens de l'Egypte sont marqués d'une *.

Bibliothèque.

MM. Coquebert, Méchain.

(La Bibliothèque est ouverte tous les décadi, excepté le quintidi, depuis neuf heures jusqu'à trois.)

Commission d'agriculture.

MM. Champy, père; Delisle; Nectoux.

M. Fourier est chargé d'examiner les citoyens qui se présentent pour être admis dans les services.

COMMISSION DES SCIENCES ET ARTS.

Antiquaires.

MM. *Ripault.   *Pourlier.

Architectes.

MM. *Balsac. *Norry.
Lepere. Protain.

Astronomes.

MM. Nouet. *Quesnot. Méchain, fils.

Botanistes.

MM. Delisle. Coquebert. Nectoux.

Chimistes.

MM. *Berthollet. MM. Descostils.
Champy, père. Champy, fils.

Chirurgiens.

MM. *Dubois. Labatte. Lacypierre.

Dessinateur.

M. Dutertre.

Géomètres.

MM. *Monge. MM. Costaz.
Fourier. Corancey.

Graveur.

M. Fouquet.

Ingénieurs civils.

MM. Lepere, ingénieur MM. Arnolet.
en chef, direct^r. Caristie
Girard, ingénieur Favier.
en chef. Dubois.

Faye. Devilliers.
Lepere (Gratien). Moline.
Martin. Duchanoy.
Saint-Genis. Alibert.
Lancret. Regnault.
Fevre. Bernard.
Chabrol. Potier.
Jollois. Viard, élève.
Raffeneau.

Ingénieurs géographes.

MM. Jacotin, ingénieur Bertre.
en chef, direct. Lecesne.
Simonel, sous-chef. Laroche.
Levesque. Faurie.
Jomard. Jomard, élève ingén.
Corabeuf.

Ingénieurs constructeurs.

MM. Boucher. Chaumont. * Greslé.

Littérature orientale.

MM. J.-J. Marcel. * Joubert. Belletête.
Raige. Delaporte.

Littérateurs.

MM. * Denon. * Parseval. Lerouge.

Mécaniciens.

MM. Conté, directeur. Coutelle.

Artistes.

MM. Adnès (père.) Adnès (fils).
Cécile, ing. méc. Couvreur.
Aimé. Lenoir, ingénieur en ins
Collin. trumens de mathém.

Musiciens.

MM. Rigel. Villoteau.

Minéralogistes.

MM. *Dolomieu. Rozière.
Cordier. Dupuy.

Naturalistes.

MM. Geoffroi. Savigny.

Peintres.

MM. Redouté, peintre d'Histoire naturelle.
Rigo.

Pharmaciens.

MM. Boudet, chef. Rouhières.

Sculpteur.

M. Casteix.

TARIF DES MONNAIES.

	Monnaies du pays.	Monnaies de France.		
En or.	Paras ou médins.	liv.	s.	d.
La quadruple d'Espagne, vaut...	2,352	84	»	»
La demi-quadruple............	1,176	42	»	»
Le quart de quadruple.........	588	21	»	»
Le huitième de quadruple......	294	10	10	»
Le seizième de quadruple......	147	5	5	»
Le double louis de France.....	1,344	48	»	»
Le louis simple...............	672	24	»	»
Le louis de 20 fr..............	600	20	»	»
Le sequin de Venise...........	340	12	2	10
Le sequin zermahboub du Caire...	180	6	8	$6\frac{2}{7}$
Le demi-sequin...............	90	3	4	$3\frac{1}{7}$
Le sequin de Constantinople...	200	7	2	$10\frac{2}{7}$
Les sequins de Hongrie et de Hollande...............	300	10	4	$3\frac{2}{3}$
En argent.				
L'écu de 6 livres de France...	168	6	»	»
L'écu de 5 livres.............	142	5	1	3
L'écu de 3 livres.............	84	3	»	»
La pièce de 30 sous...........	42	1	10	»
La pièce de 15 sous...........	21	»	15	»
L'écu de Rome................	140	5	»	»

	Monnaies du pays.	Monnaies de France.		
	Parats ou médins.	liv.	s.	d.
L'écu simple de Malte............	67	2	7	10 $\frac{2}{7}$
L'écu et quart de Malte..........	84	3	»	»
Le double écu de Malte..........	134	4	15	8 $\frac{4}{7}$
Le double et demi-écu de Malte...	168	6	»	»
La piastre d'Espagne............	150	5	7	1 $\frac{5}{7}$
Le talary.....................	150	5	7	1 $\frac{5}{7}$
L'écu de 8 livres de Gênes........	186	6	12	10 $\frac{2}{7}$
L'écu de 6 livres de Milan........	130	4	12	10 $\frac{2}{7}$

Il existe quatre espèces de piastres turques.

La première, vaut...............	100	3	11	5 $\frac{1}{7}$
La seconde...................	80	2	17	1 $\frac{5}{7}$
La troisième..................	60	2	2	10 $\frac{2}{7}$
La quatrième.................	40	1	8	6 $\frac{6}{7}$

Par ce calcul :

La livre tournois de compte vaut..	28	1	»	»
Le parat.....................	1	»	»	8 $\frac{4}{7}$

TABLE DES MATIERES.

Pages.

1. Avertissement. . . . . iij
2. Caractère des peuples d'Afrique 1
3. Des chevaliers de Malte.—Motif de la création de l'ordre. 5
4. Siége de Malte soutenu par les chevaliers sous le grand-maître Jean de Valette. 6
5. Expédition de Saint Louis en Égypte, en 1249. 8
6. Dernière expédition des Français en 1798. — Prise de Malte. 16
7. Prise d'Alexandrie par les Français. . . . 19
8. Des Mameloucks; de leur Origine, et du Gouvernement de l'Égypte à l'époque de l'expédition. 22
9. Des Arabes, de leurs Mœurs et Coutumes. . 24
10. Bataille de Chebréis. 27
11. Bataille des Pyramides. 31
12. Prise du Caire. 36
13. Départ et campagne de la division Desaix dans la haute Égypte. 37
14. Assassinat du général en chef Kléber. . . . 39
15. Résultat de l'expédition.—Départ des Français. — Retour en France. 40
16. De la guerre contre les Puissances de Barbarie. 43
17. Siége de Tripoli. 45
18. Siége de Tunis. . . . . *ibid.*
19. Siége d'Alger. 49
20. Des forces de terre et de mer du dey d'Alger. . 54
21. Expédition contre Alger. 58
22. L'ange El-Mahdhy descendu dans le désert. . 61
23. Conclusion. 65
24. État militaire de l'armée d'Orient.—Ses établissemens en l'an IX. 66
25. Tarif des monnaies ayant cours en Afrique. . 107

PARIS. — Imprimerie de DEMONVILLE, rue Christine, n° 2.

www.ingramcontent.com/pod-product-compliance
Lightning Source LLC
Chambersburg PA
CBHW070527100426
42743CB00010B/1977